Rechtsprobleme der Assoziierung der Mittel- und Osteuropäischen Länder und der Voraussetzungen für ihren Beitritt zur Europäischen Union

Europäische Hochschulschriften
European University Studies
Publications Universitaires Européennes

Reihe II
Rechtswissenschaft

Series II Série II
Law
Droit

Band/Vol. 2487

PETER LANG
Bern · Berlin · Frankfurt a.M. · New York · Paris · Wien

Erik Evtimov

Rechtsprobleme der Assoziierung der Mittel- und Osteuropäischen Länder und der Voraussetzungen für ihren Beitritt zur Europäischen Union

Unter besonderer Berücksichtigung Bulgariens

PETER LANG
Bern · Berlin · Frankfurt a.M. · New York · Paris · Wien

Die Deutsche Bibliothek – CIP-Einheitsaufnahme

Evtimov, Erik:
Rechtsprobleme der Assoziierung der mittel- und osteuropäischen Länder und der Voraussetzungen für ihren Beitritt zur Europäischen Union : unter besonderer Berücksichtigung Bulgariens / Erik Evtimov. – Bern ; Berlin ; Frankfurt a.M. ; New York ; Paris ; Wien : Lang, 1999
(Europäische Hochschulschriften : Reihe 2, Rechtswissenschaft ; Bd. 2487)
ISBN 3-906761-48-7

ISBN 3-906761-48-7

Vorbemerkung

Diese Arbeit lag dem Europa-Institut der Universität des Saarlandes im Wintersemester 1997/98 als Magisterdissertation vor. Sie wurde im Januar 1998 mit »magna cum laude« zum Erlangen des akademischen Grades »Master of European Law – LL.M.Eur.« bewertet.

Die Arbeit basiert auf der einschlägigen rechtswissenschaftlichen Literatur und Rechtsprechung bis Ende April 1997. Es wurden auch die entsprechenden offiziellen Dokumente und zugänglichen Unterlagen der EU-Organe in Betracht gezogen.

Da diese Arbeit bereits im Juni 1997 abgeschlossen wurde, konnten die Ergebnisse der Regierungskonferenz in Amsterdam nur am Rande berücksichtigt werden.

Ausserdem wurden Gespräche mit verschiedenen Repräsentanten der Kommission (GD I.A, PHARE, TAIEX), des Generalsekretariats des Rates und der Vertretung der Republik Bulgarien bei der Europäischen Union in Brüssel sowie Experten des Auswärtigen Amtes in Bonn durchgeführt.

Da die bulgarische Verfassung wiederholt zitiert wurde, ist sie in der deutschen Fassung als Anhang am Ende dieser Arbeit beigefügt.

Ich danke von Herzen meinen Magistervätern Herrn Dr. iur. P. Hector und Herrn Prof. Dr. iur. Dr. rer. pol. Dr. iur. h. c. mult. G. Ress für die grosszügige Unterstützung. Mein Dank geht auch an Herrn Prof. Dr. R. Holzmann für die mir freundlicherweise überreichten Wirtschaftsdaten.

Für die grosszügige Förderung dieser Arbeit sei der Karl Popper Stiftung sehr herzlich gedankt.

Bern, im Juni 1998

Nella vita ognuno cerca un punto di riferimento e
qualcuno riesce a trovarlo!
A Maria Elena e all'Europa, i miei punti di riferimento

Inhaltsübersicht

Inhaltsverzeichnis

Abkürzungsverzeichnis

a. A.	am Anfang
aaO.	am angegebenen Ort
ABl.	Amtsblatt der Europäischen Gemeinschaften Nr. L = Legislatio; Nr. C = Communicatio
Abs.	Absatz
AETR	Accord européen sur les transports routiers; Europäisches Übereinkommen über Strassenverkehr
AKP	Länder Afrikas, der Karibik und des Pazifiks
Anm.	Anmerkung
APS	Allgemeines Präferenzsystem
Art.	Artikel
AstV	Ausschuss der Ständigen Vertreter
Aufl.	Auflage
BBl.	Schweizerisches Bundesblatt
Bd.	Band
BG	Bulgarien
ö. BGBl.	Österreichisches Bundesgesetzblatt
BGE	Schweizerische Bundesgerichtsentscheide
BGV	Bulgarische Verfassung
BVerfG	Bundesverfassungsgericht
Bull. EU	Bulletin der Europäischen Union
bzw.	beziehungsweise
CEEC	Central and Eastern Europe Countries
CEFTA	Central European Free Trade Area; Zentraleuropäische Freihandelszone
COMECON	Council for Mutual Economic Assistance
COREPER	Comité des Représentants Permanents des Etats Membres
ders.	derselbe (Autor)
d. h.	das heisst
DV	Darzaven Vestnik (Staatsblatt, Gesetzblatt)

EA	Europa-Abkommen
EA-BG	Europa-Abkommen mit Bulgarien
EAGFL	Europäischer Ausrichtungs- und Garantiefonds für die Landwirtschaft, Abteilung Ausrichtung
ebd.	ebenda
EBWE	Europäische Bank für Wiederaufbau und Entwicklung
ECE	Economic Commission for Europe; Wirtschaftskommission für Europa
EFRE	Europäischer Fonds für regionale Entwicklung
EFTA	European Free Trade Association; Europäische Freihandelszone
EG	Europäische Gemeinschaft
EGKS	Europäische Gemeinschaft für Kohle und Stahl
EIB	Europäische Investitionsbank
endg.	endgültig
EP	Europäisches Parlament
EPZ	Europäische Politische Zusammenarbeit
ESF	Europäischer Sozialfonds
etc.	et cetera
EU	Europäische Union
EUV	Vertrag über die Europäische Union
EuGH	Europäischer Gerichtshof
EuR	Europarecht
EuZW	Europäische Zeitschrift für Wirtschaftsrecht
EWG	Europäische Wirtschaftsgemeinschaft
EWR	Europäischer Wirtschaftsraum
f. / ff.	und folgende (Seite / Seiten)
Fn.	Fussnote
FS	Festschrift
FW	Friedenswarte
GASP	Gemeinsame Aussen- und Sicherheitspolitik
GATS	General Agreement on Trade in Services; Allgemeines Abkommen über den Handel mit Dienstleistungen
GATT	General Agreement on Tariffs and Trade; Allgemeines Zoll- und Handelsabkommen
GD	Generaldirektion

Hrsg.	Herausgeber
i. e. S.	im engeren Sinne
i. f.	in fine
insb.	insbesondere
i. w. S.	im weiteren Sinne
JA	Juristische Arbeitsblätter
JS	Juristische Schulung
KOM	Dokumente der Kommission der Europäischen Union
lit.	litera = Buchstabe
NJW	Neue Juristische Wochenschrift
N°	Numero
m. E.	meines Erachtens
Mio.	Millionen
MOEL	Mittel- und osteuropäische Länder
OECD	Organization for Economic Co-operation and Development; Organisation für wirtschaftliche Zusammenarbeit und Entwicklung
OSZE	Organisation für Sicherheit und Zusammenarbeit in Europa
PECO	Paesi dell'Europa centrale e orientale
PHARE	Poland and Hungary Action for Restructuring of the Economy
Rdn.	Randnummer
RGW	Rat für Gegenseitige Wirtschaftshilfe
RIW	Recht der Internationalen Wirtschaft
ROW	Recht in Ost und West
Rs.	Rechtssache
Rz.	Randziffer(n)
S.	Seite(n)
SEK	Dokumente des Generalsekretariats der Kommission der Europäischen Union
Slg.	Sammlung der Rechtsprechung des Europäischen Gerichtshofes
s. o.	siehe oben
sog.	sogenannt
StIGH	Ständiger Internationaler Gerichtshof
s. u.	siehe unten

TACIS	Technical Assistance to the Community of Independent States
TAIEX	Technical Assistance Information Exchange Office; Amt für den Informationsaustausch über technische Hilfe
UN	United Nations
Unterabs.	Unterabsatz
Urt.	Urteil
vgl.	vergleiche
WOS	Wirtschaftsrecht der osteuropäischen Staaten
WTO	World Trade Organization; Welthandelsorganisation
WVÜ	Wiener Übereinkommen über das Recht der Verträge
Z	Zeitschrift
ZaöRV	Zeitschrift für ausländisches öffentliches Recht und Völkerrecht
z. B.	zum Beispiel
ZEI	Central European Initiative; Zentraleuropäische Initiative
ZEuP	Zeitschrift für Europäisches Privatrecht
ZfRV	Zeitschrift für Rechtsvergleichung, Internationales Privatrecht und Europarecht
Ziff.	Ziffer

Der Weg ist das Ziel!

I. Problemstellung

Die vorliegende Abhandlung setzt sich mit Rechtsproblemen der Assoziierung der mittel- und osteuropäischen Länder (MOEL) mit der Europäischen Union (EU) beziehungsweise Europäischen Gemeinschaft (EG) als einem ausgebauten rechtlichen Rahmen für die Vorbereitung dieser Länder auf den angestrebten Beitritt auseinander. Die Assoziierung Bulgariens wird besonders berücksichtigt.

Nach einem einführenden retrospektiven Überblick über die völkerrechtlichen Beziehungen zwischen der damals im Rat für Gegenseitige Wirtschaftshilfe (RGW) zusammengeschlossenen Staaten Mittel- und Osteuropas und den Europäischen Gemeinschaften (insbesondere E(W)G) werden die Hauptfragen der Assoziierung im Kapitel V untersucht.

Zunächst werden das Wesen und die Typologie der Assoziierung der Europäischen Gemeinschaft mit Bulgarien analysiert. Es lässt sich ein säulenartiger Aufbau mit jeweilig unterschiedlicher Rechtsqualität feststellen.

Zum einen werden die Rechtsnatur und Tragweite des Europa-Abkommens als eine bilaterale Grundlage des ersten Pfeilers (die Assoziierung i. e. S.) und ihre Besonderheiten dargestellt. Dabei sollen der Rang und die Geltung des primären und sekundären Assoziationsrecht in der bulgarischen und gemeinschaftlichen Rechtsordnung und die Frage der möglichen Weiterentwicklung der bilateralen Assoziierung im Mittelpunkt stehen. Es wird zudem die bulgarische Verfassung im Kontext des Europa-Abkommens besonders untersucht.

Anhand einzelner Beispiele wird die unmittelbare Anwendbarkeit der Abkommensvorschriften in der bulgarischen Rechtsordnung geprüft. Die einschlägige Rechtsprechung des EuGH wird gesondert analysiert und die bulgarischen Gerichte werden dazu aufgerufen, sie bei der Auslegung des Europa-Abkommens nicht ausser Acht zu lassen.

Des weiteren wird auch auf die Fragen der Beitrittsassoziierung und die völkerrechtlichen Schranken des WTO-Freihandelskodex im Zusammenhang mit der vorgesehenen Freihandelszone und den einzelnen Sachbereichen des Europa-Abkommens eingegangen.

Darüber hinaus wird geklärt, wieso eine ausservertragliche Entwicklung und ein weiteres sachliches Detaillieren der Assoziierung i. e. S. notwendig war. Dabei stellt sich die Frage, welche Reichweite und Dynamik ein »autonomer Nachvollzug« haben kann. Dies wird aufgrund des bulgarischen Arbeitsprogramms zur Umsetzung des Weissbuchs der Kommision erläutert.

Zum anderen sollen die übrigen Säulen – PHARE, Intraregionale Zusammenarbeit und Strukturierte Beziehungen – dargestellt werden, die die Assoziierung der MOEL in ein eigenartiges Rechtsgebilde umformen. Hier werden die rechtlichen Aspekte der multilateralen Assoziierung der MOEL im Vordergrund stehen. Kapitel V lit. D. beschäftigt sich mit der Rechtsgrundlage, der Funktionsweise und den Bereichen der Strukturierten Beziehungen.

Auf die Frage des Zusammenspiels zwischen den Strukturierten Beziehungen und den Europa-Abkommen und ihre eventuelle Umsetzung durch die Assoziationsräte wird entsprechend eingegangen. Es werden auch mögliche Optionen vorgeschlagen. Anschliessend wird eine rechtliche Eignung der Strukturierten Beziehungen im Gefüge der Assoziierung der MOEL i. w. S. gesucht.

II. EINLEITUNG

1 Im allgemeinen

Die wirtschaftliche Integration Westeuropas war ein Instrument zur Wahrung und Festigung des Friedens und der Freiheit in ganz Europa. Die Erkenntnis, dass man von einer »Assoziation« zu einer »Integration« Europas nur mit Hilfe supranationaler Gemeinschaften gelangen könne, hatte den französischen Aussenminister Schumann veranlasst, zunächst eine Zusammenlegung der Kohle- und Stahlindustrie vorzuschlagen.[1] »Europa kann nicht auf einmal oder als umfassender Bau entstehen. Es wird kommen, wenn konkrete Leistungen zunächst eine tatsächliche Verbundenheit schaffen«.[2]

Wurde für Westeuropa diese Verbundenheit aufgrund der supranationalen Gemeinschaften verwirklicht, so stellt sich für Osteuropa – nach dem gewaltigen Umbruch im vergangenen Jahrzehnt – nunmehr die Frage, wie und wann die mittel- und osteuropäischen Länder den europäischen supranationalen Gemeinschaften, aus welchen die Europäische Union hervorgegangen ist, beitreten werden. Das würde die Vollendung der politischen und wirtschaftlichen Integration Europas mit einem Binnenmarkt von 482 Mio. Verbrauchern bedeuten.

1 Vgl. dazu H.-J. Schlochauer, Von der Assoziation zur Integration Europas, in: Die Friedens-Warte, Bd. 52 (1953/55), S. 1 ff.

2 Text der französischen Regierungserklärung vom 5. Mai 1950, in: Europa-Dokumente, Auswärtiges Amt (Hrsg.), Bonn 1953, S. 301.

2 Im besonderen

Nachdem es dreissig Jahre gedauert hatte, bis die Europäische Wirtschaftsgemeinschaft (EWG) und die damals im Rat für Gegenseitige Wirtschaftshilfe (RGW – oder die englische Abbreviatur COMECON) zusammengeschlossenen mittel- und osteuropäischen Länder (MOEL) einschliesslich der ehemaligen UdSSR zu normalen Beziehungen gefunden hatten, hat sich das Ost-West-Verhältnis dramatisch verändert.

Nach der Gemeinsamen Erklärung über die Aufnahme offizieller Beziehungen zwischen der EWG und dem RGW im Juni 1988[3] hatte die Europäische Wirtschaftsgemeinschaft mit den mittel- und osteuropäischen Ländern nacheinander bilaterale Handels- und Kooperationsabkommen geschlossen. Sie sahen auf dem handelspolitischen Gebiet die schrittweise Abschaffung der spezifischen mengenmässigen Zugangsbeschränkungen für osteuropäische Erzeugnisse auf den Märkten der Gemeinschaft vor. Die Handels- und Kooperationsabkommen zwischen der EWG und den osteuropäischen Staaten[4] räumten die Meistbegünstigung[5] ein.

Um ihrer neuen Rolle als Garant für Stabilität gerecht zu werden sowie zur Unterstützung der Demokratisierungsbewegung in ganz Osteuropa, musste die Europäische Gemeinschaft sowohl Politik als auch Instrumentarium weiterhin anpassen. Die spezifischen, nichtquantitativen Importbeschränkungen – mit Ausnahme der empfindlichen Produktgruppen (Landwirtschaft, Textilien, Stahl, Kohle) – wurden für den EG-Markt beseitigt. Das Allgemeine Präferenzsystem (APS) wurde auf die mittel- und osteuropäischen Länder ausgedehnt, damit sie in den Genuss der allgemeinen Zollpräferenzen kommen können. Es wurde ein umfangreiches Programm (PHARE)[6] der technischen, finanziellen

3 Gemeinsame Erklärung über die Aufnahme offizieller Beziehungen zwischen der Europäischen Wirtschaftsgemeinschaft und dem Rat für Gegenseitige Wirtschaftshilfe, ABl. EWG 1988 Nr. L 157.

4 Vgl. das Abkommen zwischen der Europäischen Wirtschaftsgemeinschaft und der Volksrepublik Bulgarien über den Handel und handelspolitische und wirtschaftliche Zusammenarbeit vom 24. September 1990, ABl. EWG 1990 Nr. L 291, S. 9 ff.

5 Vgl. dazu Art. 4, ebd.

und, wo nötig, Nahrungsmittelhilfe in Gang gesetzt. Die Kredite der Europäischen Investitionsbank (EIB) und der Europäischen Bank für Wiederaufbau und Entwicklung (EBWE) wurden den MOE-Ländern zugänglich gemacht, um die marktwirtschaftlichen Strukturreformen in den einzelnen mittel- und osteuropäischen Ländern zu unterstützen.

Aufgrund der Handels- und Kooperationsabkommen zwischen der E(W)G und den MOEL einerseits und der autonomen Massnahmen der Gemeinschaft andererseits entwickelte die Europäische Gemeinschaft Anfang der 90er Jahre die Europa-Abkommen, die später in eine umfassende Heranführungsstrategie zur Vorbereitung der mittel- und osteuropäischen Länder auf den Beitritt in die Europäische Union übergeführt wurden. Nach Auffassung der Europäischen Kommission[7] sind die Europa-Abkommen (EA)[8], vor allem nach den Ergänzungen durch die Beschlüsse des Europäischen Rates von Kopenhagen im Juni 1993[9] und von Essen im Dezember 1994[10], weiterhin das entscheidende Element der Stabilisierungspolitik der EU gegenüber Mittel- und Osteuropa.

6 Ein nicht mehr zutreffender Sammelbegriff (»Poland and Hungary Action for Restructuring of the Economy«), da alle assoziierten mittel- und osteuropäischen Staaten (Bulgarien, Estland, Lettland, Litauen, Polen, Rumänien, Slowenien, Slowakei, Tschechische Republik, Ungarn) und Albanien sowie neuerdings Mazedonien und Bosnien-Herzegowina am Programm teilnehmen.
Für die Gemeinschaft unabhängiger Staaten (GUS) und die Mongolei wurde von der EU 1991 das Programm TACIS (»Technical Assistance to the Community of Independent States«) aufgestellt.

7 Vgl. Mitteilung der Kommission an den Rat über die Europa-Abkommen und die Zeit danach: Eine Strategie zur Vorbereitung des Beitritts der Länder Mittel- und Osteuropas vom 13. Juli 1994, KOM(94) 320 endg. und Ergänzende Ausführungen zu der Mitteilung der Kommission über »Die Europa-Abkommen und die Zeit danach: Eine Strategie (...)« vom 27. Juli 1994, KOM(94) 361 endg.

8 Vgl. die Mitteilung der Europäischen Kommission an den Rat und das Europäische Parlament über ein Allgemeines Schema für Assoziationsabkommen mit den Ländern in Mittel- und Osteuropa vom 27. August 1990, KOM(90) 398 endg.

9 Vgl. Europäischer Rat, Tagung am 21./22. Juni in Kopenhagen, Schlussfolgerungen des Vorsitzes, insb. Anlage II, SN 180/1/93.

10 Vgl. Europäischer Rat, Tagung am 9./10. Dezember 1994 in Essen, Schlussfolgerungen des Vorsitzes, insb. Anhang IV, SN 300/94.

Die Assoziierungsabkommen[11] mit den MOE-Ländern sehen die schrittweise Schaffung einer Freihandelszone vor und setzen einen politischen Dialog sowie eine kulturelle Zusammenarbeit neben der bereits bestehenden wirtschaftlichen ein. Die Europa-Abkommen – ergänzt durch die praktischen Empfehlungen des Weissbuchs der Kommission im Binnenmarktbereich – und die Strukturierten Beziehungen zu den Institutionen der EU bieten den assoziierten MOE-Ländern zudem eine reale Perspektive für einen künftigen Beitritt zur Europäischen Union.[12] So haben die MOE-Länder die Möglichkeit, Vollmitglieder der EU zu werden. Dabei ist die Assoziation als eine Vorstufe zur vollen Integration in der Europäischen Union akzeptiert worden. Inzwischen haben alle mittel- und osteuropäischen Länder Beitrittsanträge gestellt.[13] Das bedeutet jedoch nicht, dass mit allen MOE-Ländern gleichzeitig Beitrittsverhandlungen eingeleitet werden.[14]

11 Vgl. Europa-Abkommen zur Gründung einer Assoziation zwischen den Europäischen Gemeinschaften und ihren Mitgliedstaaten einerseits und der Republik Bulgarien andererseits vom 8. März 1993, ABl. EG 1994 Nr. L 358.

12 Vgl. die Schlussfolgerungen des Vorsitzes des Europäischen Rates in Kopenhagen, aaO. (Fn. 9), S. 13: »Der Europäische Rat hat heute beschlossen, dass die assoziierten mittel- und osteuropäischen Länder, die dies wünschen, Mitglieder der Europäischen Union werden können.«.

Vgl. auch das Weissbuch der Kommission über die Vorbereitung der assoziierten Staaten Mittel- und Osteuropas auf die Integration in den Binnenmarkt der Union vom 3. Mai 1995, KOM(95) 163 endg.

13 So die formellen Beitrittsanträge der MOEL nach Art. O EU-Vertrag – Polen vom 31. März 1994, Ungarn vom 4. April 1994, Rumänien vom 22. Juni 1995, Slowakei vom 27. Juni 1995, Lettland vom 27. Oktober 1995, Estland vom 28. November 1995, Litauen vom 8. Dezember 1995, Bulgarien vom 16. Dezember 1995, Tschechische Republik vom 17. Januar 1996, Slowenien vom 10. Juni 1996, in: Bull. EU.

14 Sog. Politik der »positiven Differenzierung«.

III. Die historische Entwicklung der Beziehungen EU – Osteuropa

Ein Blick zurück in die Geschichte der rechtspolitischen Beziehungen zwischen den Europäischen Gemeinschaften und den im Rat für Gegenseitige Wirtschaftshilfe vereinigten Staaten Mittel- und Osteuropas ist hilfreich, um sowohl die Assoziierung als auch den Beitrittswillen der MOEL besser verstehen zu können.

1 Von der Konfrontation zur Kooperation

Seit der Gründung des RGW im Jahr 1949 und der EWG im Jahr 1957 wurden die Beziehungen über mehr als dreissig Jahre durch gegenseitige Ablehnung geprägt. Seitens des RGW wurde die supranationale Struktur der EWG ignoriert. Es wurde bei ständiger politischer und ideologischer »Unakzeptanz«[15] versucht, vorwiegend Wirtschafts- und Handelsbeziehungen mit den Mitgliedstaaten der EWG zu knüpfen.

Dabei war es die Strategie der EWG gegenüber Osteuropa, die Rolle des Rates für Gegenseitige Wirtschaftshilfe herunterzuspielen. Gestützt auf »den parallelen Ansatz« förderte die Gemeinschaft den Ausbau der bilateralen Beziehungen zu den einzelnen RGW-Mitgliedstaaten.[16] Von grosser Bedeutung für die Osteuropapolitik der EWG war

15 Vgl. B. Zimmerman/M. Hirschler, Westeuropäische Integrationsverbände – Recht, Staatsverlag der DDR, Ost-Berlin 1983, Russisch, Moskau 1987, insb. S. 17, 21 ff.; R. Gündel, Die Internationalisierung der Wirtschaft im Staatsmonopolistischen Kapitalismus und ihre Widersprüche, Ost-Berlin 1976, S. 95 ff.

16 Vgl. dazu B. Lippert, Etappen der EG-Ostpolitik: Distanz – Kooperation – Assoziierung, in: Integration Nr. 3, 1990, S. 113.

die eingeschränkte völkerrechtliche Souveränität der RGW-Staaten durch die sowjetische Hegemonieposition.[17]

2 Das Netz bilateraler Kooperationsabkommen der EWG-Mitgliedstaaten mit den einzelnen RGW-Staaten

Angesichts dieser politisch determinierten Schranken wurden die völkerrechtlichen Vertragsbeziehungen zwischen der EWG und den RGW-Staaten von zwei weiteren Tatsachen der gemeinschaftlichen Rechtsordnung wesentlich bestimmt.

Einerseits musste gemäss Art. 113 EWG-Vertrag die ausschliessliche Kompetenz[18] der gemeinsamen Handelspolitik »nach Ablauf der Übergangszeit«[19] zum 1. Januar 1970 von den Mitgliedstaaten an die EWG übergehen. Daher konnten nach Ablauf der Übergangszeit die Handelsabkommen im Geltungsbereich von Art. 113 EWG-Vertrag nur noch von der Gemeinschaft ausgehandelt werden. Die Mitgliedstaaten konnten bilaterale Abkommen schliessen, soweit sie nicht gegen Art. 113 EWG-Vertrag verstiessen.[20] Andererseits wollten im Aussenhandel EWG-Mitgliedstaaten wie Deutschland, Italien und Frankreich eine eigenständige Osteuropapolitik fortsetzen.

Um eine weitgehende Paralysierung der vertraglichen Handelsbeziehungen zwischen dem RGW und der EWG zu vermeiden, wurde

17 Vgl. dazu I. Seidl-Hohenveldern, Völkerrecht, 7., neubearb. Aufl., Köln; Berlin; Bonn; München 1992, S. 35, 39.

18 Vgl. dazu zuletzt P. Gilsdorf, Die Aussenkompetenzen der EG im Wandel – Eine kritische Auseinandersetzung mit Praxis und Rechtsprechung, in: EuR 1996, S. 149 ff.

19 Vgl. Art. 113 Abs. 1 EWG-Vertrag.

20 Vgl. C. Sasse, Kooperationsabkommen und EG – Handelspolitik, Parallelität oder Konflikt?, in: Europa-Archiv 1974, S. 695 ff.

durch die Entscheidung des Rates[21] die Möglichkeit eingeräumt, mit der Genehmigung des Rates und auf den Vorschlag der Kommission hin, nach vorheriger obligatorischer Konsultation mit den Mitgliedstaaten,[22] die bestehenden Handelsabkommen mit den bestimmten Drittländern[23] zu verlängern oder stillschweigend zu erneuern.[24] Gemäss Art. 9 Abs. 1 der Entscheidung des Rates[25] hatten die EWG-Mitgliedstaaten auch die Möglichkeit, »sofern gemeinschaftliche Verhandlungen nach Art. 113 des Vertrages noch nicht möglich sind«, neue Handelsübereinkünfte mit Drittstaaten auszuhandeln. Die Mitgliedstaaten suchten nach einem Ersatz für die ihnen durch den Art. 113 EWG-Vertrag entzogene Möglichkeit zum Abschluss von Zoll- und Handelsabkommen.[26] Sie versuchten in Bereichen der wirtschaftlichen, industriellen und technischen Zusammenarbeit (sog. Kooperationsabkommen der Mitgliedstaaten)[27], die nicht in die ausschliessliche Zuständigkeit der Gemeinschaft nach Art. 113 EWG-Vertrag fallen sollten, ihre bilateralen Vertragsbeziehungen mit den einzelnen RGW-Staaten aufrechtzuerhalten.[28] Der Streit über die gemeinschaftliche Zulässigkeit derartiger Kooperationsabkommen hing davon ab, was man unter dem Begriff der »Gemeinsamen Handelspolitik« im Sinne von Art. 113 EWG-

21 Vgl. die Entscheidung des Rates vom 16. Dezember 1969 über die schrittweise Vereinheitlichung der Abkommen über die Handelsbeziehungen zwischen den Mitgliedstaaten und dritten Ländern und über die Aushandlung der gemeinschaftlichen Abkommen, ABl. EWG 1969 Nr. L 326, S. 39 ff.

22 Vgl. dazu Art. 2 u. Art. 10 der Entscheidung des Rates, ebd.

23 Gemeint sind die sozialistischen Staatshandelsländer.

24 Vgl. etwa die Entscheidung des Rates vom 16. Dezember 1969 über eine Abweichung von der Entscheidung vom 9. Oktober 1961 zur Vereinheitlichung der Laufzeit von Handelsabkommen hinsichtlich des zwischen den Regierungen der Italienischen Republik und der Volksrepublik Bulgarien ausgehandelten langfristigen Abkommens über die Handels- und Wirtschaftsbeziehungen, ABl. EWG 1969 Nr. L 326, S. 45 ff.

25 Vgl. aaO. (Fn. 21).

26 Vgl. I. Bailey-Wiebecke, Die Europäische Gemeinschaft und der Rat für Gegenseitige Wirtschaftshilfe, Multilaterale Diplomatie oder Blockbildung?, Europäische Hochschulschriften, Band 142, S. 51 f.

27 Kooperation in diesem Sinne war die gemeinsame Nutzung der gegenseitigen Vorteile für eine gewisse Dauer, vgl. auch C. Sasse, aaO. (Fn. 20), S. 696.

28 Vgl. dazu S. Richter, Die Assoziierung osteuropäischer Staaten durch die Europäischen Gemeinschaften, Max-Planck-Institut für Ausländisches Öffentliches Recht und Völkerrecht, Heidelberg 1993, S. 5 ff.

Vertrag zu verstehen hatte. Der Rat hatte eine sogenannte »finalistische Theorie« vertreten, wonach das Ziel, der Zweck und die Zweckbestimmungen, die zum Beeinflussen des Handelsvolumens oder der Handelsströme führen könnten, die entscheidenden Kriterien sein müssten. Nach der sogenannten »instrumentalen Theorie« der Kommission war entscheidend, ob eine von Art. 113 EWG-Vertrag Rechtshandlung erfasst werden konnte und ob sie ein »spezifisches Instrument zur Regelung des internationalen Handels« darstellte.[29] Die zwei Auslegungsmethoden wurden im GUTACHTEN 1/78 des Europäischen Gerichtshofes (EuGH) dargelegt.[30] Die Rechtsprechung[31] und die Literatur bestätigen jedoch eine »kombinierte Lösung«[32] des Auslegungsstreits.

2.1 Zwischenergebnis

Im Zusammenhang mit den Kooperationsabkommen kann gesagt werden, dass sie einen wirtschaftspolitischen Zweck verfolgten. Sie sollten die Wirtschaftsbeziehungen intensivieren, den Warenaustausch mit den RGW-Staaten ermöglichen und optimieren sowie insgesamt eine Annäherung der Volkswirtschaften herbeiführen.[33] Die Kooperationsabkommen der Mitgliedstaaten hatten auch ohne die Einsetzung der spezifischen autonomen handelspolitischen Instrumente der E(W)G nach Art. 113 EGV – dagegen werden die spezifischen autonomen Mass-

29 Vgl. dazu P. Gilsdorf, Die Grenzen der gemeinsamen Handelspolitik, Reihe des Europa-Instituts Nr. 125, Saarbrücken 1988 S. 5 ff.; C. Vedder, Art. 113 EGV, in: Grabitz, Eberhard, Kommentar zum EWGV, 4. Ergänzungslieferung, München 1990; Jacques H. J. Bourgeois, Art. 113 EGV, in: von der Groeben, Hans/Thiesing, Jochen/Ehlermann, Claus-Dieter, Kommentar zum EWG-Vertrag, Band 1, 4. neubearb. Aufl., Baden-Baden 1991.

30 Vgl. Gutachten 1/78 Internationales Naturkautschukübereinkommen, Slg. 1979, S. 2905, Rz. 47 u. Rz. 49.

31 Vgl. Gutachten 1/78, ebd. Rz. 45:
»Artikel 113 verleiht der Gemeinschaft die Zuständigkeit für die Gestaltung einer »Handelspolitik nach einheitlichen Grundsätzen«; daraus erhellt, dass die Frage der Aussenhandelsbeziehungen in einer offenen Perspektive und nicht nur im Hinblick auf die Handlungen einiger bestimmter Systeme, wie Zölle und mengenmässige Beschränkungen, zu regeln ist«.

32 Vgl. dazu P. Gilsdorf u. dortige Literatur, aaO. (Fn. 29), S. 7.

33 Vgl. C. Sasse, aaO. (Fn. 20), S. 701; I. Bailey-Wiebecke, aaO. (Fn. 26), S. 57.

nahmen der Agrarpolitik nach Art. 43 Abs. 2 EGV letzter Unterabsatz gestützt – die gesamte aussenwirtschaftliche Lage in bezug auf Osteuropa verändert. Die E(W)G und die Mitgliedstaaten vereinbarten, die bilateralen sektoralen Handelsabkommen der Mitgliedstaaten mit den Staatshandelsländern bis zum 31. Dezember 1974 gelten zu lassen. Danach war die Gemeinschaft allein für den Abschluss solcher Handelsabkommen zuständig. Der Streit um die Kooperationsabkommen wurde pragmatisch durch die Einführung eines Konsultationsverfahrens entschärft. Das Verfahren verpflichtete die Mitgliedstaaten, die Kommission um Verhandlungen über den Abschluss zukünftiger Kooperationsabkommen zu ersuchen.[34]

Da die RGW-Staaten nicht bereit waren, die alleinige Zuständigkeit der Gemeinschaft gemäss Art. 113 EWG-Vertrag im Aussenhandelsbereich anzuerkennen, wurden lediglich einzelne sektorale Abkommen in Form von Briefwechseln über sensible Agrarprodukte, Textil- sowie bestimmte Eisen- und Stahlerzeugnisse geschlossen.[35] Gegenüber den Staatshandelsländern wendete die Gemeinschaft weiterhin die autonomen Importmassnahmen in Form von Importquoten sowie Importkontingenten für spezielle Erzeugnisse aus den RGW-Staaten an.[36] Diese spezifischen mengenmässigen Handelsbeschränkungen stellten eine klare Diskriminierung der EWG[37] gegenüber den RGW-Staaten dar, und sie liefen den GATT-Bestimmungen zuwider. Sie wurden mit der bestehenden Planwirtschaft in den Staatshandelsländern begründet. Ausserdem wurden die einseitigen Schutzmassnahmen der Gemeinschaft beibehalten.

34 Entscheidung des Rates vom 22. Juni 1974 über die Einführung eines Konsultationsverfahrens für Kooperationsabkommen der Mitgliedstaaten mit dritten Ländern, ABl. EWG 1974 Nr. L 208.

35 Vgl. etwa Abkommen in Form eines Briefwechsels zwischen der Europäischen Wirtschaftsgemeinschaft und der Volksrepublik Ungarn über den Handel mit Textilprodukten, ABl. EWG 1987 Nr. L 331.

36 Vgl. z. B. Entscheidung des Rates vom 2. Dezember 1974 zur Festsetzung der in den Mitgliedstaaten gegenüber Staatshandelsländern anwendbaren Einfuhrregelungen für Erzeugnisse, die mengenmässigen Beschränkungen unterliegen, ABl. EWG 1974 Nr. L 358.

37 Vgl. dazu Verordnung (EWG) Nr. 3420/83 des Rates vom 14. November 1983 über die Einfuhrregelungen für auf Gemeinschaftsebene nicht liberalisierte Waren mit Ursprung in Staatshandelsländern, ABl. EWG 1983 Nr. L 346.
Siehe auch dort die Liste der Staatshandelsländer nach Art. 1, Anhang I der Verordnung Nr. 3420, ebd.

Von den RGW-Staaten hatte lediglich Rumänien im Jahr 1980 ein umfangreiches Handelsabkommen mit der EWG geschlossen.[38] Aber die normalen Handelsbeziehungen zwischen der EWG und dem RGW wurden weiterhin auf politischer Ebene gehemmt.[39]

3 Die Normalisierung der Beziehungen zwischen der EWG und dem RGW

Nach wiederholten Kontakten und Annäherungsversuchen wurde am 25. Juni 1988 die »Gemeinsame Erklärung über die Aufnahme offizieller Beziehungen zwischen der Europäischen Wirtschaftsgemeinschaft und dem Rat für Gegenseitige Wirtschaftshilfe«[40] unterschrieben. Diese Erklärung wurde aufgrund von Art. 235 EWG-Vertrag von der Gemeinschaft geschlossen und wurde als weiterer Schritt für die Einleitung der bilateralen Kontakte mit den einzelnen RGW-Staaten angesehen. Ein institutioneller Rahmen zur Durchführung der Vereinbarung war *expressis verbis* nicht vorgesehen. Die EWG betrachtete die »Gemeinsame Erklärung« als »Wert an sich« und nie als ein handelspolitisches Rahmenabkommen.[41] Gestützt auf die »Gemeinsame Erklärung«[42], versuchte der RGW jedoch, die Wirtschaftsbeziehungen zwischen den Organisationen zu vertiefen,[43] damit er seine Stellung im Intra-RGW-Staatshandel festigen konnte, was aber kein Erfolg hatte. Durch diese Übereinkunft wurde jedoch politisch der Weg für eine verstärkte handelspolitische Kooperation mit den RGW-Mitgliedstaaten vorbereitet.

38 Abkommen über den Handel mit gewerblichen Waren zwischen der EWG und der Sozialistischen Republik Rumänien, ABl. EWG 1980 Nr. L 352.
39 Vgl. dazu B. Lippert, aaO. (Fn. 16), S. 114 ff.
40 ABl. EWG 1988 Nr. L 157, S. 35.
41 Vgl. dazu B. Lippert, aaO. (Fn. 16), S. 115-116; S. Richter, aaO. (Fn. 28), S. 9-10.
42 Vgl. insbesondere Ziff. 4 der Gemeinsamen Erklärung, ebd.
43 Sog. »Bilateralismus der Organisationen«, vgl. C. Sasse, aaO. (Fn. 20), S. 699.

IV. Die Vertiefung der Zusammenarbeit zwischen der Europäischen Gemeinschaft und den mittel- und osteuropäischen Ländern

Die E(W)G verfolgte eine Politik der verstärkten bilateralen Handels- und Wirtschaftsbeziehungen mit den einzelnen RGW-Staaten. Darüber hinaus wollte sie einen Diskussionsrahmen schaffen, um die gegenseitigen Beziehungen zu normalisieren und dynamisch zu gestalten. Um den grundlegenden politischen und wirtschaftlichen Veränderungen in Osteuropa Rechnung zu tragen, entwickelte die Gemeinschaft ein Netz von Handels- und Kooperationsabkommen, das alle Sektoren der Wirtschaftsbeziehungen mit den MOEL abdecken sollte. Trotz der unterschiedlichen Ausgangslage in den einzelnen MOE-Ländern wiesen die Abkommen eine ähnliche Gestaltungsstruktur auf.[44] In einem Zeitraum von zwei Jahren schloss die Gemeinschaft bilaterale Abkommen über den Handel und die handelspolitische und wirtschaftliche Zusammenarbeit gemäss Art. 113 und hilfsweise Art. 235 EWG-Vertrag mit allen mittel- und osteuropäischen Ländern ab.

44 So die vier konstitutiven Elemente eines Handels- und Kooperationsabkommens: Zoll- und Handelsbestimmungen; wirtschaftliche Kooperation; finanzielle Zusammenarbeit; gemischter Ausschuss, vgl. dazu B. Lippert, aaO. (Fn. 16), S. 118.

1. Die Abkommen über den Handel und handelspolitische und wirtschaftliche Zusammenarbeit Inhalt und Grundsätze der Abkommen am Beispiel des Abkommens mit Bulgarien

Das Abkommen zwischen der Europäischen Wirtschaftsgemeinschaft und der Volksrepublik Bulgarien über den Handel und die handelspolitische und wirtschaftliche Zusammenarbeit vom 24. September 1990[45] zielte auf eine harmonische Entwicklung und Diversifizierung des Handels mit Industriewaren[46] und landwirtschaftlichen Erzeugnissen[47] sowie auf die Förderung der wirtschaftlichen Zusammenarbeit in den Bereichen von beiderseitigem Interesse ab. Der Handel mit Industriewaren und landwirtschaftlichen Gütern fand unter der strengen Anwendung der Ursprungsregeln der harmonisierten Brüsseler Nomenklatur und des bulgarischen Zolltarifs[48] statt. Die Unterschiede zwischen den Ursprungsregeln in den einzelnen Handels- und Kooperationsabkommen der MOEL verhinderten ein gesamteuropäisches Kumulierungssystem, d. h. einen einzigen gesamteuropäischen Ursprung. Im tarifären Bereich basierte das Abkommen auf den Grundsätzen der Nichtdiskriminierung, der Gleichbehandlung und der Gegenseitigkeit und schrieb die Meistbegünstigung[49] vor. Es beinhaltete auch Bestimmungen über die handelspolitische Zusammenarbeit wie z. B. Austausch der Handels- und Wirtschaftsdaten,[50] Kontakte zwischen Unternehmen und Wirtschaftsverbänden,[51]

45 ABl. EWG 1990 Nr. L 291, S. 9ff.
46 Vgl. Art. 2 Abs. 1, ebd.
47 Vgl. Art. 6, ebd.
48 Vgl. dazu F. Emmert, Die Entwicklung der Ursprungsregeln bis zum EWR-Abkommen, in: O. Jacot-Guillarmond (Hrsg.), EWR-Abkommen, Zürich 1992, S. 116 und dortige Begründung der Rolle der Ursprungsregeln, insb. als Zollsatzbemessung und Schutzmassnahmenbegründung.
49 Vgl. dazu Art. 5, Art. 19 Abs. 1 und Art. 4, ebd.
50 Vgl, Art. 17, Art. 19, Art. 20, ebd.
51 Vgl. Art. 18, Art. 19, Art. 20, ebd.

aber auch über die Zusammenarbeit zwischen den Zollbehörden sowie die Investitionsförderung. Das Abkommen erweiterte die wirtschaftliche Zusammenarbeit zwischen den Vertragsparteien in den Bereichen Industrie, Bergbau, Energiewirtschaft, Forschung, Umweltschutz, Finanzdienstleistungen, Normierung und Statistik.[52] Es wurde für eine Zeit von fünf bzw. zehn Jahren geschlossen und konnte von den Vertragsparteien, um den neuen Gegebenheiten Rechnung zu tragen, im gegenseitigen Einvernehmen geändert werden (Art. 26 Abs. 2). Durch das Abkommen wurde auch ein gemischter Ausschuss als Forum für die regelmässigen Konsultationen eingesetzt,[53] der zur weiteren Entwicklung der Beziehungen beitragen sollte.

Das Abkommen stellte einen völkerrechtlichen Rahmen für die Normalisierung der Handels- und Wirtschaftsbeziehungen zwischen der Gemeinschaft und Bulgarien dar. Im handelspolitischen Bereich trat das Abkommen[54] an die Stelle der Bestimmungen,[55] die bis anhin durch die bilateralen Vereinbarungen zwischen den EWG-Mitgliedstaaten und Bulgarien geregelt waren. So wurde ein seit langem andauernder Rechtsmissstand – der Verstoss[56] gegen die Gemeinsame Handeslpolitik – bereinigt. Bezüglich der Wirtschaftskooperation blieben jedoch die Abkommen der Mitgliedstaaten weiterhin bestehen,[57] was mit den originären Kompetenzen der Mitgliedstaaten rechtspolitisch begründet wurde.[58]

Die EWG verpflichtete sich, bis spätestens 31. Dezember 1995 die noch verbliebenen spezifischen mengenmässigen Beschränkungen zu beseitigen (Art. 14 Abs. 1). Das war eine sehr wichtige Handelsforderung Bulgariens.[59]

Das Abkommen war jedoch nicht eine präferentielle Handelsvereinbarung, da es weder den Abbau der nichtspezifischen mengen-

52 Vgl. etwa Art. 21, ebd.
53 Vgl. etwa Art. 23, ebd.
54 Vgl. Art. 24 (sog. »Ersetzungsklausel«), ebd., für die Bestimmungen, die »identisch« oder »unvereinbar« sind.
55 Auch so S. Richter, aaO. (Fn. 28), S. 15 ff., insb. S. 45.
56 S. o. Kapitel III Ziff. 2, S. 10 f.
57 Vgl. die »Unberührungsklausel« des Art. 22, ebd.
58 Das hatte die Tendenz verfestigt, dass die späteren Assoziierungsabkommen als gemischte Verträge unterschrieben werden mussten, s. u. Kapitel V Ziff. 1.2, S. 30 ff.
59 S. o. Kapitel III Ziff. 2.1, S. 13 unten über die spezifischen mengenmässigen Beschränkungen, die klare diskriminierende Wirkungen hatten.

mässigen Beschränkungen (allgemeine NTH), noch die Reduzierung der Zölle sowie der anderen tarifären Handelshemmnisse und nur die teilweise Beseitigung der spezifischen mengenmässigen Handelsbeschränkungen (spezielle NTH)[60] vorsah. Andererseits war die geringe Wettbewerbsfähigkeit der osteuropäischen Produkte eine grosse Hürde für die weiterreichende Liberalisierung der Handelsbeziehungen.[61] Die EGKS-Produkte wurden ausdrücklich von dem Geltungsbereich des Abkommens ausgeschlossen (Art. 2 Abs. 1). Damit wurde ein ganzer Handelsbereich (nämlich die Kohle- und Stahlerzeugnisse) nicht berücksichtigt. Neben den landwirtschaftlichen Erzeugnissen sind die Stahlerzeugnisse die wettbewerbsfähigen Produkte der MOE-Länder auf dem Binnenmarkt der EG.

2 Die autonomen Massnahmen der Gemeinschaft gegenüber den MOEL

Nach dem Durchbruch der Demokratisierungsbewegung in Mittel- und Osteuropa in den Jahren 1989-1990 musste die Gemeinschaft ihre Osteuropapolitik weiter anpassen. Da die abgeschlossenen Handels- und Kooperationsabkommen nicht für eine verstärkte Unterstützung der MOE-Länder konzipiert waren, griff die Gemeinschaft auf die einseitigen handelspolitischen Massnahmen zurück.

Zunächst wurden die spezifischen mengenmässigen Beschränkungen in einem verkürzten Zeitraum[62] vollständig abgeschafft,[63] womit

60 Jedoch nicht die als empfindlich eingestuften Waren.
Vgl. Art. 14 des Kooperationsabkommens zwischen der EWG und Bulgarien, ebd.

61 Vgl. dazu A. Inotai, Assoziierungsabkommen: Schritte zur Reintegration ostmitteleuropäischer Staaten, in: Integration Nr. 1 1992 und dort die EG als den »Modernisierungspol« für die osteuropäische Wirtschaft, S. 31.

62 Nicht, wie mit dem Handels- und Kooperationsabkommen – bis 1995, sogar 1998 für empflindliche Waren – vorgesehen war.

63 Vgl. dazu Verordnung (EWG) 2727/90 des Rates vom 25. September 1990 zur Aufhebung oder Aussetzung mengenmässiger Beschränkungen gegenüber bestimmten Ländern Ost- und Mitteleuropas, ABl. EWG 1990 Nr. L 262.

zugleich der diskriminierende Status der »Staatshandelsländer« beseitigt wurde. Darüber hinaus wurden die nichtspezifischen mengenmässigen Beschränkungen bis zum 31. Dezember 1991 ausgesetzt,[64] was für die MOE-Länder bedeutete, dass die Gemeinschaft sie als Länder mit marktwirtschaftlichem System betrachtete. Dieser Abbau der nichtspezifischen nichttarifären Handelshemmnisse gegenüber MOE-Ländern stellte präferentielle Beziehungen her und konnte als eine ausservertragliche Evolutionsklausel zu den abgeschlossenen Handels- und Kooperationsabkommen angesehen werden, da sie keine solche Klausel beinhalteten. Fraglich war jedoch, ob diese einseitige präferentielle Behandlung der MOEL nicht gegen die allgemeine Meistbegünstigung (Art. I Abs. 1) des GATT (1947) (das Allgemeine Zoll- und Handelsabkommen) verstiess.[65] Darüber hinaus wollte die Gemeinschaft den Mangel der Präferenzabkommen weiter vermindern und die Liberalisierung der handelspolitischen Beziehungen mit den MOEL vorantreiben. Dank der Aufnahme der MOE-Länder in das Allgemeine Präferenzsystem (APS)[66] kamen sie[67] in den Genuss der allgemeinen Zollpräferenzen.[68]

64 Vgl. Art. 1 der Verordnung 2727, ebd.

65 Vgl. J. Le Bullenger, Der Einfluss der GATT-Normen auf die Beziehungen zwischen der EG und den Osteuropäischen Staaten, in: Die Europäische Gemeinschaft in einem neuen Europa: Herausforderungen und Strategien, C. Deubner (Hrsg.), 1. Auflage, Baden-Baden 1991, S. 155ff.

Durch die Präferenzzölle kann ein Preisvorteil für die MOE-Länder beim Absatz der Waren (like products) zugute kommen. Das hat wegen des gewährten Sonderstatus der MOEL – Länder mit Volkswirtschaften im Übergang und vorgesehene längere zeitliche Ausnahmen – bei den Diskussionen im GATT weniger Streit verursacht.

66 Das Allgemeine Präferenzsystem (APS) ist kein völkerechtlicher Vertrag, sondern eine von der EG einseitig gewährte (nicht reziproke) Zollvergünstigung für gewerbliche Halb- und Fertigwaren (Kapitel 66-99), landwirtschaftliche Erzeugnisse (Kapitel 1-24), Textilwaren (Kapitel 25-66) der Brüsseler Zolltarifnomenklatur und EGKS-Erzeugnisse.

Polen und Ungarn ab 1. Januar 1990, Bulgarien und die ehemalige Tschechoslowakei ab 1. Januar 1991 und Rumänien ab Ende 1991 nahmen am APS teil.

67 Vgl. dazu Verordnung (EWG) 3833/90 des Rates vom 20. Dezember 1990 zur Anwendung allgemeiner Zollpräferenzen für bestimmte landwirtschaftliche Erzeugnisse mit Ursprung in Entwicklungsländern, ABl. EWG 1990 Nr. L 370.

68 Vgl. dazu J. Le Bullenger, aaO. (Fn. 65), S. 162-165; C. Häberli, Das GATT und die Entwicklungsländer, in: GATT-Uruguay Round, T. Cottier (Hrsg.), Bern 1995, S. 139ff.; U. Möbius, Zum EG-Handel mit Osteuropa, in: Die Europäische Ge-

Die MOEL, im Unterschied zu den anderen Ländern, für die die allgemeine Meistbegünstigung des Art. I Abs. 1 GATT »unverzüglich« und »bedingungslos« galt, konnten die niedrigen präferentiellen Zollsätze der EWG wie auch jene für die Entwicklungsländer nutzen.[69] Die MOE-Länder wurden von der Gemeinschaft mit den AKP-Ländern (Länder Afrikas, der Karibik und des Pazifiks) gleichgestellt, da sie ähnliche Probleme aufwiesen. Durch die Ausfuhrsteigerung aufgrund der Zollzugeständnisse wurde die Ankurbelung der mittel- und osteuropäischen Volkswirtschaften angestrebt.

2.1 Zwischenergebnis

Autonome Zugeständnisse konnten von der Gemeinschaft einseitig widerrufen werden, da keine gegenseitigen Vertragsverpflichtungen bestanden. Das betonte die Konditionalität[70] und die Undurchschaubarkeit der einseitigen Zugeständnisse der EWG, was nicht dem Wunsch der mittel- und osteuropäischen Staaten entsprach. Das allgmeine Präferenzsystem konnte den besonderen einzelstaatlichen Anliegen der mittel- und osteuropäischen Staaten nicht Rechnung tragen.

meinschaft in einem neuen Europa: Herausforderungen und Strategien, C. Deubner (Hrsg.), 1. Auflage, Baden-Baden 1991, S. 141 ff.; M. Schweitzer / W. Hummer, Europarecht, 4. Auflage, Berlin 1993, S. 371 ff. und dort angegebene Literatur.

69 Die Behandlung der MOE-Länder von der Gemeinschaft wurde als »hybrid« und »ambivalent« bezeichnet. Die MOEL konnten aber ausser der Vorzugsbehandlung nach dem Teil IV des GATT auch die während der Tokio-Runde ausgearbeitete Befreiungsklausel (»enabling clause«) für die Entwicklungsländer in Betracht ziehen. Der zufolge ist die EG ermächtigt, nur die MOEL präferentiell zu behandeln.

Vgl. dazu J. Le Bullenger, aaO. (Fn. 65), S. 164; C. Häberli, aaO. (Fn. 68), S. 139; S. Richter, aaO. (Fn. 28), S. 229 ff.

70 Vgl. J. Le Bullenger, aaO. (Fn. 65), S. 165.

3 Ergebnis

Durch die vertraglichen handelspolitischen Massnahmen einerseits und die einseitigen Zugeständnisse andererseits versuchte die Gemeinschaft, vor allem im handelspolitischen Bereich den gewaltigen Umbruch in Osteuropa zu unterstützen. Die Handels- und Kooperationsabkommen[71] wurden von der Gemeinschaft auf den Grundlagen von Art. 113 und hilfsweise Art. 235 EWG-Vertrag geschlossen, da sie über die gemeinschaftliche Handelspolitik hinausgingen und eine wirtschaftliche und finanzielle Kooperation beinhalteten. Die Mitgliedstaaten hatten im Bereich der wirtschaftlichen und finanziellen Kooperation mit den MOEL originäre Kompetenzen. Ziel dieser Abkommen war nicht nur der reine Austausch von Waren, was der Kernbereich der gemeinsamen Handelspolitik ist, sondern auch einen Beitrag zur allgemeinen Liberalisierung und Diversifizierung der Wirtschafts- und Handelsbeziehungen mit den MOE-Ländern zu leisten, die für eine lange Zeit stagniert waren.

Die Diskriminierung der MOE-Länder seitens der EWG wurde durch die Abschaffung der spezifischen mengenmässigen Beschränkungen aufgehoben. Die Aussetzung der nichtspezifischen mengenmässigen Beschränkungen führte zu einer präferentiellen Behandlung dieser Staaten im nichttarifären Bereich. Diese Präferenzmassnahmen und die Zollzugeständnisse durch die Aufnahme im Allgemeinen Präferenzsystem, das ursprünglich für die Entwicklungsländer geschaffen wurde,[72] konnten den GATT-Kodex, insbesondere die allgemeine Meistbegünstigung in Art. I GATT verletzen. Die MOE-Länder konnten sich

71 Sog. »Verträge der ersten Generation«, vgl. H. G. Krenzler, Die Europäische Gemeinschaft und der Wandel in Mittel- und Osteuropa, in: Europa-Archiv 1990, S. 95, oder »Globalabkommen« im Unterschied zu den bilateralen sektoralen Abkommen, vgl. dazu auch S. Richter, aaO. (Fn. 28), S. 11 ff.

Vgl. auch die Kritik an die Kooperationsabkommen als »verkappte Handelsabkommen« der Gemeinschaft bei P. Gilsdorf, aaO. (Fn. 29) S. 14-16.

72 Kein mittel- und osteuropäischer Staat hat sich als Entwicklungsland verstanden; sie selbst gewährten Handelspräferenzen für die Entwicklungsländer. Vgl. auch J. Le Bullenger, aaO. (Fn. 65), S. 164 ff.

auf die negative partielle Befreiung (sog. »Waiver«) des Art. XXV Abs. 5 und Teil IV des GATT berufen, nicht aber die aktive Gestaltungsmöglichkeit des Art. XXIV Abs. 5 GATT über die Zollunion und die Freihandelszone nutzen.

Einschränkend für die Liberalisierung des Gesamthandels zwischen den Vertragsparteien wirkte auch die Ausnahme des Kohle- und Stahlbereichs. Die Eisen- und Stahlerzeugnisse spielten eine beträchtliche Rolle (15 % der bulgarischen Ausfuhr, im Durchschnitt 14 % bei anderen MOEL) für die bulgarischen Exporte in die Gemeinschaft.[73]

Die völkerrechtliche Schranke (fehlende Errichtung der Zollunion bzw. Freihandelszone) und die partielle Unvereinbarkeit der Kooperationsabkommen der MOEL mit dem GATT-Freihandelssystem (einseitige Präferenzzugeständnisse und die Ausklammerung ganzer Handelsbereiche) konnte nicht ausser Acht gelassen werden. Noch weniger konnten die Handels- und Kooperationsabkommen den politischen, ökonomischen und gesellschaftlichen Veränderungen in Osteuropa Rechnung tragen.

Deshalb wurde bei dem Treffen des Europäischen Rates vom 25./26. Juni 1990 in Dublin die Ausarbeitung einer neuen Art von Abkommen mit den MOEL beschlossen. Diese Abkommen mussten die Grundlage für die Reintegration[74] der mittel- und osteuropäischen Staaten schaffen.

73 Quelle: Eurostat, Aussenhandel der EG – 1989, zitiert nach U. Möbius, aaO. (Fn. 68), S. 143.

74 Sehr zutreffender Begriff von A. Inotai, Assoziierungsabkommen: Schritte zur Reintegration ostmitteleuropäischer Staaten, aaO. (Fn. 61), S. 25. Vgl. auch H. Kramer, Das System der »Europäischen Abkommen«: Lösung oder Zwischenlösung für die Beziehungen der Gemeinschaft zu Osteuropa?, in: Die Europäische Gemeinschaft in einem neuen Europa: Herausforderungen und Strategien, C. Deubner (Hrsg.), 1. Auflage, Baden-Baden 1991, S. 117 ff.

V. Die Heranführungsstrategie zur Vorbereitung der mittel- und osteuropäischen Länder auf den Beitritt zur Europäischen Union – unter besonderer Berücksichtigung der Lage Bulgariens

1 Im allgemeinen

Der europäische Integrationsprozess hatte die historische Aufgabe, Europa in die Freiheit, die Demokratie und den Wohlstand zu führen.[75] Da Europa nach dem Zweiten Weltkrieg geteilt war, konnte sich die Frage der Integration Osteuropas erst nach dem gewaltigen Umbruch in diesen Ländern stellen.

An die Europäische Union als politischer und ökonomischer Kern Europas richten sich die Erwartungen der MOEL für eine umfangreiche Unterstützung bei der Bewältigung des notwendigen Strukturwandels. Nichtsdestotrotz kann die künftige Osterweiterung der EU zu der Einigung und der Stabilität ganz Europas beitragen.

Wie bis jetzt angedeutet wurde,[76] konnten die Handels- und Kooperationsabkommen die gesamteuropäische Verantwortung der Europäischen Union nicht rechtfertigen.

75 Vgl. dazu den letzten Erwägungsgrund der Präambel und Art. 2, Art. 3 und Art. 3a EG-Vertrag.

76 Siehe Kapitel IV insb. Ziff. 3, S. 21 ff. Die Abkommen über Handel und handelspolitische und wirtschaftliche Zusammenarbeit wurden durch die Europa-Abkommen ausser Kraft gesetzt. Siehe dazu Art. 124 EA mit Bulgarien, aaO. (Fn. 11).

2 Problemstellung

Die Frage stellte sich nun, auf welche Rechtsmechanismen sich die Europäische Union (beziehungsweise die EG) stützen konnte, um den Anbindungswünschen der Mittel- und Osteuropäischen Länder entgegenzukommen. Die MOEL sollten in die Lage versetzt werden, den Verpflichtungen, die mit einer Mitgliedschaft verbunden sind, nachzukommen.[77] Die Vorbereitung der MOEL auf den künftigen Beitritt in die Europäische Union ist nicht nur für die Mittel- und Osteuropäischen Länder, sondern auch für die EU von zentraler Bedeutung.[78]

Es sollte ein flexibles Rechtsinstitut gesucht werden, das die weiteren »vielfältigen Variationen der vollen Mitgliedschaft«[79] beinhaltet und die schrittweise Heranführung der MOEL an die Union verwirklichen kann.[80] Deshalb entwickelte die Europäische Union eine umfassende Heranführungsstrategie in Form einer Beitrittsassoziation *sui generis*. Ihre sachliche Tragweite deckt sich nicht nur mit der herkömmlichen Assoziierung i. e. S. nach Art. 238 EG-Vertrag, sondern sie stützt sich darüber hinaus auf die Strukturierten Beziehungen, die autonome Finanzhilfe im Rahmen von PHARE und die intraregionale Zusammenarbeit.

Folglich werden zunächst die rechtlichen Gestaltungsmöglichkeiten des ursprünglichen Assoziationsverhältnisses »mit gegenseitigen Rechte und Pflichten« aufgrund des Europa-Abkommens mit Bulgarien nach Art. 238 EG-Vertrag untersucht.

77 Vgl. so die Schlussfolgerungen des Vorsitzes des Europäischen Rates in Kopenhagen, aaO. (Fn. 9), S. 13.

78 »Der Beitritt kann erfolgen, sobald ein assoziiertes Land in der Lage ist, den mit einer Mitgliedschaft verbundenen Verpflichtungen nachzukommen und die (...) aufgezeigten erforderlichen wirtschaftlichen und politischen Bedingungen zu erfüllen.«. Vgl. so Anhang IV der Schlussfolgerungen des Vorsitzes des Europäischen Rates in Essen, aaO. (Fn. 10), S. 7.

79 Vgl. G. Zieger, Zum Rechtsbegriff der Assoziierung, in: Festschrift für Georg Erler, Göttingen 1965, S. 73.

80 Vgl. so die Schlussfolgerungen des Vorsitzes des Europäischen Rates in Essen, aaO. (Fn. 10), S. 12 und Anhang IV.

Dann werden die Rechtsfragen der autonomen Finanzhilfe der EU im Rahmen von PHARE, die auch vor der Heranführungsstrategie vorhanden war, und die neu eingeleitete grenzüberschreitende Zusammenarbeit kurz dargestellt. Als zweiter bedeutender Pfeiler der Heranführungsstrategie wird die multilaterale Assoziation zwischen den MOE-Ländern, die schon Assoziierungsabkommen abgeschlossen haben, und den Organen der EU abschliessend geprüft.[81]

Des weiteren wird in dieser Abhandlung alles, was über die Assoziierung i. e. S. hinausgeht, als Assoziierung i. w. S. verstanden.

81 S. u. die jeweiligen Buchstaben A., B., C. und D. des Kapitels V.

A. Bilaterale Assoziation der MOEL aufgrund der Europa-Abkommen

1 Die Assoziation der MOEL gemäss Art. 238 EG-Vertrag – unter besonderer Berücksichtigung der Assoziation Bulgariens

1.1 Begriff und Bedeutung der Assoziation

Das Wort »Assoziation« bzw. »assoziieren«[82] stammt aus dem neulateinischen »*associare*« (wie auch in der italienischen Sprache) und übersetzt sich in der bulgarischen Sprache mit »*asoziatia*« bzw. »*asoziirane*«[83]. Im Englischen wird mit »*to associate*« beziehungsweise im Französischen mit »*associer*« übersetzt. In der deutschen Sprache wird mit »sich verbinden«, »vereinigen«, »beteiligen«, »zuwenden« übersetzt.[84]

Ein eher ähnlicher etymologischer Gebrauch der »Assoziation« bzw. »Assoziierung« in den verschiedenen europäischen Sprachen deutet jedoch nicht auf den kontroversen und mehrdeutigen Rechtsbegriff. In der europa- und völkerrechtlichen Literatur wurden unterschiedliche Definitionen über die Assoziation abgegeben.[85] Die weitgehende Mehr-

82 In dieser Abhandlung werden »Assoziation« und »Assoziierung« als Synonyme gebraucht.

83 Vgl. Z. Popova, Evropeiskite Sporazumenia za Asoziirane (Die Europäischen Assoziationsübereinkünfte), in: Osnovi na Evropeiskata Integrazia (Grundzüge der Europäischen Integration), Center for European Studies (CES), R. Ivanova (Hrsg.), Sofia 1994, Bulgarisch, S. 337 ff.

84 Vgl. dazu G. Ragazzini, Dizionario Inglese-Italiano, Italiano-Inglese, Bologna 1992; R. Boch, Dizionario Francese-Italiano, Italiano-Francese, Milano 1991; V. Macchi, Dizionario Tedesco-Italiano, Italiano-Tedesco, Firenze 1984.

85 Vgl. Peter Gilsdorf, Art. 238 EGV, in: von der Groeben, Hans / Thiesing, Jochen / Ehlermann, Claus-Dieter, Kommentar zum EWG-Vertrag, Band 4, 4. neubearbei-

deutigkeit dieses Begriffs hat sogar einige Autoren veranlasst, zu verlangen, dass auf »Assoziierung« zur Bezeichnung der gemäss Art. 238 EG-Vertrag abgeschlossenen Übereinkünfte zu verzichten sei.[86]

In dieser Abhandlung sind wir jedoch der Meinung, dass eine zusammengefasste Definition der Assoziierung i. e. S. die Grundzüge der assoziativen Verbindung der MOEL zur Europäischen Gemeinschaft verdeutlicht. In den folgenden Ausführungen wird auch die Assoziierung i. e. S. mit den MOEL nicht mit den Assoziierungsabkommen gleichgesetzt, da die Assoziation i. e. S. – angesichts ihrer möglichen Weiterentwicklung in den Assoziationsorganen, kraft ausservertraglicher Evolutionsklausel (das Weissbuch und sein »autonomer Nachvollzug« von den MOEL) – eigene Dynamik ausserhalb der Europa-Abkommen erlangen kann.

Im Unterschied zu der völkerrechtlichen Bezeichnung der Assoziation »als losere Bindung eines Staates, Gebietes oder einer Staatengemeinschaft an ein präexistentes, den Kern des Teilnehmerverhältnisses bildendes Völkerrechtssubjekt«[87] haben die europarechtliche Literatur

tete Auflage, Baden-Baden 1991; C. Vedder, Art. 238 EGV, in: Grabitz, Eberhard, Kommentar zum EWG-Vertrag, 4. Ergänzungslieferung, München 1990; Christian Tomuschat, Art. 228 EGV, in: von der Groeben, Hans / Thiesing, Jochen / Ehlermann, Claus-Dieter, Kommentar zum EWG-Vertrag, Band 4, 4. neubearb. Aufl., Baden-Baden 1991; Hollenweger, Peter, Die Assoziation von Staaten mit internationalen Organisationen, Zürich 1967; Wolfram, Dieter, Die Assoziation überseeischer Gebiete an die EWG, Saarbrücken 1963; M. Loch, Theo / Hasenpflug, Hajo, Die Assoziierungs- und Präferenzpolitik der EG, Bonn 1974; Everling, Ulrich, Die Neuregelung des Assoziationsverhältnisses zwischen der EWG und den afrikanischen Staaten und Madagaskar sowie den überseeischen Ländern und Hoheitsgebieten, in: ZaöRV 1964, S. 472 ff.; Petersmann, Ernst U., Struktur und aktuelle Rechtsfragen des Assoziationsrechts, in: ZaöRV 1979, S. 266 ff.; Krück, Hans, Die Freizügigkeit der Arbeitnehmer nach dem Assoziationabkommen EWG/Türkei, in: EuR 1984, S. 289 ff.; Hailbronner, Kay, Die Freizügigkeit türkischer Staatsangehöriger nach dem Assoziierungsabkommen EWG/Türkei, in: EuR 1984, S. 54 ff.; Schön, Cordula, Der rechtliche Rahmen für Assoziierungen der Europäischen Gemeinschaft, Europäische Hochschulschriften, Band 1505, Frankfurt a. M.; Berlin; Bern; New York; Paris; Wien.

86 Vgl. dazu Vedder, in: Grabitz, Art. 238, Rdn. 4a, aaO. (Fn. 85), »Der Begriff der Assoziierung allein definiert also nicht die aus Art. 238 resultierte Vertragsschliessungskompetenz der EWG. Es ist daher nicht nötig, an ihm festzuhalten.«.

87 Vgl. P. Hollenweger, aaO. (Fn. 85), S. 16.

und die Rechtsprechung des EuGH einen Rechtsbegriff der Assoziierung aufgrund von Art. 238 EGV dagegen herausgearbeitet, der die Assoziierung aufgrund des Assoziierungsabkommens als »(...) besondere und privilegierte Beziehungen einem Drittstaat, der zumindest teilweise am Gemeinschaftssystem teilhaben muss (...)«[88] versteht.

Des weiteren werden wir in unserer Abhandlung die Definition von Gilsdorf – sie berücksichtigt auch die Rechtsprechung des EuGH in bezug auf die Assoziierung – übernehmen, da sie alle notwendigen Elemente für die rechtliche Klärung der Assoziation der MOEL enthält und in der europarechtlichen Literatur nunmehr unumstritten ist.[89] Es ist auch nicht Aufgabe dieser Abhandlung, eine neue oder eine Auslegung der bestehenden Definitionen der Assoziierung zu geben.

Die Assoziation im Sinne von Art. 238 EGV nach Gilsdorf lautet:

> Ein Abkommen zwischen der Gemeinschaft und einem Drittstaat, das besondere und privilegierte Beziehungen mit diesem Staat begründet, die auf eine gewisse Dauer angelegt sind, und die sich darin äussern, dass besondere institutionelle Beziehungen geschaffen werden in Form von gemeinsamen Organen, die zu eigener Willensbildung befähigt sind und der Lenkung und Weiterentwicklung der Assoziierung dienen, und dass der Drittstaat zumindest teilweise am Gemeinschaftssystem teilnimmt, wobei diese Teilnahme eindeutig über rein handelspolitische Konzessionen hinausgehen muss.[90]

88 Rs. 12/86, Demirel, Slg. 1987, S. 3719 ff., Rz. 9.
89 Vgl. die europarechtliche Literatur in Fn. 85.
90 P. Gilsdorf, in: G-T-E, Art. 238, aaO. (Fn. 85), Rdn. 16.

1.2 Herstellung und Rechtsnatur des Assoziationsverhältnisses zwischen der Europäischen Gemeinschaft und Bulgarien

Der EG-Vertrag gemäss Art. 238 räumt einem Staat die Möglichkeit ein, aufgrund von Abkommen eine Assoziierung mit gegenseitigen Rechten und Pflichten, gemeinsamem Vorgehen und besonderen Verfahren herzustellen. Diese Ermächtigung des EG-Vertrages gab Bulgarien als Staat und Subjekt des allgemeinen Völkerrechts[91] die Gelegenheit, in eigener Person und in vollem Umfang diese Assoziierung mit der EG wahrzunehmen.[92] Es ist fast unumstritten, dass die Gemeinschaft bei der Begründung von assoziativen Verbindungen gemäss Art. 238 EG-Vertrag auf einer sachlich originären Kompetenznorm[93] [94] fusst. Diese Erkenntnis der einschlägigen Rechtsprechung des EuGH und der herrschenden europarechtlichen Literatur war von existentieller Bedeutung, da die Gemeinschaft kraft Art. 3a Abs. 1 EGV einzelermächtigt ist und die Organe der Gemeinschaft im Zusammenhang mit den zugewiesenen Befugnissen handlungsfähig sind (Art. 4 Abs. 1 Satz 2 EG-Vertrag).

Anders stellte sich die Frage, ob die Gemeinschaft bei der Übernahme der Rechte und Pflichten aufgrund des Assoziationsabkommens mit Bulgarien allein zuständig war oder ob die Mitgliedstaaten auch eigene Sachkompetenzen hatten. Die Alleinzuständigkeit der Gemeinschaft hängt von der Rechtsnatur der einbezogenen Materien in das Assoziierungsabkommen ab.[95]

91 Siehe auch Art. 6 des Wiener Übereinkommens über das Recht der Verträge (WVÜ). Bulgarien ist Signatarstaat des Wiener Übereinkommens.

92 Vgl. dazu I. Seidl-Hohenveldern, insb. Völkerrechtssubjekte, aaO. (Fn. 17), S. 148 ff.

93 Rs. 12/86, Demirel, aaO. (Fn. 88), Rz. 9: »Art. 238 räumt der Gemeinschaft notwendigerweise die Zuständigkeiten dafür ein, die Erfüllung der Verpflichtungen gegenüber Drittstaaten in allen vom EWG-Vertrag erfassten Bereichen sicherzustellen.«.

94 Vgl. auch dazu P. Gilsdorf, in: G-T-E, aaO. (Fn. 85), Rdn. 20; C. Vedder u. dortige Literatur, in: Grabitz, aaO. (Fn. 85), Rdn. 8 u. Rdn. 9; E.U. Petersmann, aaO. (Fn. 85), S. 283, 285.

95 Vgl. P. Gilsdorf, aaO. (Fn. 18), S. 149.

Da das Europa-Abkommen mit Bulgarien Bereiche wie politischen Dialog, wirtschaftliche, finanzielle oder kulturelle Zusammenarbeit beinhaltet,[96] die in der jeweiligen Zuständigkeit der Mitgliedstaaten verblieben sind,[97] und die AETR-Rechtsprechung (weder »Sperrwirkung« noch »Parallelität« für die Gemeinschaft gegenüber den Kompetenzen der Mitgliedstaaten)[98] des EuGH nicht angewandt werden könnte, wurde das Assoziierungsabkommen mit Bulgarien von der EG als gemischtes Abkommen geschlossen. Die EG-Mitgliedstaaten sind neben der Gemeinschaft Vertragspartei. Das GUTACHTEN 1/94[99] des EuGH hat auch die Bereiche der grenzüberschreitenden Dienstleistungen, der ersten Niederlassung und des geistigen Eigentums, die im Übereinkommen mit einem Drittstaat niedergelegt sind, als Gebiete mit geteilten

96 Vgl. Europa-Abkommen Titel I, VI, VII, VIII, ABl. EG 1994 Nr. L 358, aaO. (Fn. 11).

97 Vgl. Gutachten 1/78, aaO. (Fn. 30), Rz. 60: »Geht dagegen die Finanzierung zu Lasten der Mitgliedstaaten, so bedingt dieser Umstand (...) ihre Beteiligung an dem Übereinkommen zusammen mit der Gemeinschaft. Eine ausschliessliche Zuständigkeit der Gemeinschaft könnte in diesem Fall nicht angenommen werden.«.

98 Rs. 22/70, AETR (Kommission/Rat), Slg. 1971, S. 263, Rz. 15 bis Rz. 19, Die AETR-Rechsprechung begründet eine implizite Vertragsschliessungskompetenz für die Gemeinschaft in zwei Richtungen:

a) ausschliesslich-implizite Kompetenz für die Gemeinschaft
Rz. 17/18 – »(...) in den Bereichen, in denen die Gemeinschaft zur Verwirklichung einer vom Vertrag vorgesehenen gemeinsamen Politik Vorschriften erlassen hat, die in irgendeiner Form gemeinsame Normen vorsehen, die Mitgliedstaaten weder einzeln noch selbst gemeinsam handelnd berechtigt, mit dritten Staaten Verpflichtungen einzugehen, die diese Normen beeinträchtigen.«.
In diesem Bereich haben die Mitgliedstaaten ihre Vertragsschliessungskompetenz verloren, da die Gemeinschaft das Terrain für sich beansprucht hat und nunmehr ausschliesslich zuständig ist – sog. »Sperrwirkung«.

b) potenziell-implizite Kompetenz für die Gemeinschaft
Rz. 17/18 – »(...) kann beim Vollzug der Vorschriften des Vertrages die für inngergemeinschaftliche Massnahmen geltende Regelung nicht von der für die Aussenbeziehungen geltenden getrennt werden.«.
Die Gemeinschaft ist im Aussenbereich überall dort zuständig, wo sie im Innenbereich Zuständigkeit besitzt – sog. »Parallelität«. Solange die Gemeinschaft ihre Kompetenz nicht in Anspruch genommen hat, sind die Mitgliedstaaten zuständig. Hier besteht lediglich eine potentielle Kompetenz der Gemeinschaft.

Vgl. auch dazu P. Gilsdorf, aaO. (Fn. 18), S. 147 u. 148 und S. Richter, aaO. (Fn. 28), S. 80ff.

99 Gutachten 1/94, WTO, Slg. 1994, S. I-5267.

Zuständigkeiten zwischen der EG und den Mitgliedstaaten verstanden.[100] Der EuGH-Rechtsprechung im Bereich der Assoziationsfreizügigkeit der Arbeitnehmer zufolge[101] wurde eine ausschliessliche Zuständigkeit der Gemeinschaft nicht eindeutig bejaht. Es sei vielmehr Sache der Mitgliedstaaten und der Organe der EG gewesen, die Assoziationsfreizügigkeit schrittweise aufgrund des Assoziierungsabkommens herzustellen und damit ihre Verpflichtungen gegenüber dem Assoziationspartner zu erfüllen.[102] Die Zuständigkeit der EG beschränkt sich lediglich auf die Freizügigkeit jener Arbeitnehmer, die bereits eine gesicherte Beschäftigung und damit einen gesicherten Aufenthalt in einem EG-Mitgliedstaat haben.

Das Europa-Abkommen mit Bulgarien wurde sowohl von der EG als auch direkt von den Mitgliedstaaten unterzeichnet und ratifiziert. Gegenüber Bulgarien sind die EG und die Mitgliedstaaten aber gemeinsam und im ganzen Umfang des Abkommens gebunden.[103] Aufgrund von Art. 118 Abs. 1 des Europa-Abkommens hat Bulgarien einen Anspruch auf Umsetzung bzw. auf Schadenersatz wegen Nichterfüllung

100 Vgl. Gutachten 1/94, WTO, ebd., der Tenor des Gutachtens und Rz. 81: »(...) die Kapitel über das Niederlassungsrecht und den freien Dienstleistungsverkehr enthalten keine Bestimmung, die die Zuständigkeit der Gemeinschaft ausdrücklich auf »Beziehungen (...), die dem internationalen Recht unterliegen«, erstreckt. (...) Es ist daher ausgeschlossen, aus diesem Kapitel von vornherein eine ausschliessliche Zuständigkeit der Gemeinschaft dafür abzuleiten, mit Drittstaaten ein Abkommen zur Liberalisierung der ersten Niederlassung und des Zugangs zu den Märkten für andere Dienstleistungen als diejenige, die Gegenstand einer grenzüberschreitenden Erbringung im Sinne des »General Agreement on Trade and Services« (GATS) sind und unter Artikel 113 fallen, zu schliessen.«.

In diesen Bereichen hat der EuGH nur eine potentielle Aussenkompetenz der Gemeinschaft nicht ausgeschlossen, da die Gemeinschaft nicht die »Notwendigkeit« einer Alleinzuständigkeit nach aussen nachweisen kann. Siehe auch oben, Fn. 98.

Diese restriktive Haltung des EuGH über die ausschliessliche Zuständigkeit der Gemeinschaft wurde auch im Bereich der Inländerbehandlung der zweiten Niederlassung - Gutachten 2/92, OECD-Investitionsschutzbeschluss, Slg. 1995, S. I-521 - durchaus bestätigt.

101 Vgl. die Grundsatzentscheidungen des EuGH im Bereich der Freizügigkeit der (türkischen) Arbeitnehmer im Assoziationsrecht: Rs. 12/86, Demirel, aaO. (Fn. 88) und Rs. C-192/89, Sevince, Slg. 1990, S. I-3461.

102 Vgl. so Rs. 12/86, Demirel, ebd. Rz. 10.

103 Vgl. dazu A. Bleckmann, Der gemischte Vertrag im Europarecht, in: EuR 1976, S. 303.

des Abkommens nicht nur gegenüber der Gemeinschaft, sondern auch gegenüber den Mitgliedstaaten. Die Mitgliedstaaten und die EU-Organe in ihrem jeweiligen Zuständigkeitsbereich sind auch innergemeinschaftlich kraft Art. 228 Abs. 7 und Art. 5 *in toto* (Grundsatz der Gemeinschaftstreue) EG-Vertrag, Art. 4 Abs. 1 (Aufgabe der Gemeinschaftsorgane) EGV und der eindeutigen Rechtsprechung des EuGH[104] gegenüber Bulgarien zur unmittelbaren Durchführung des Abkommens verpflichtet.

Damit die Durchführung des Europa-Abkommens gesichert wird, übertragen die Mitgliedstaaten dem Rat, die gemeinsame Haltung im Assoziationsrat nach Anhörung der Kommission festzulegen und zu äussern.[105]

Der gemischte Rechtscharakter des Assoziierungsabkommen hat Frankreich und Spanien die Möglichkeit gegeben, die Unterzeichnung des Europa-Abkommens mit Bulgarien wegen Differenzen im Textilbereich und empfindlichen landwirtschaftlichen Produkten lange Zeit im Rat zu blockieren. Darüber hinaus können die gemischten Abkommen als politisches Druckmittel missbraucht werden.[106]

1.3 Typologie der Assoziation zwischen der Europäischen Gemeinschaft und Bulgarien

Gestützt auf den EG-Vertrag und in Anbetracht der jeweiligen Zielsetzung der Assoziation unterscheidet man vier Assoziationstypen.[107] Ne-

104 Rs. 104/81 Kupferberg I, Slg. 1982, S. 3641, Rz. 12; Beschluss 1/78, Objektschutz von Kernmaterial, Slg. 1978, S. 2151, Rz. 35: »Es genügt, den anderen Vertragsparteien gegenüber festzustellen, dass in der Materie die Zuständigkeiten innerhalb der Gemeinschaft verteilt sind, wobei die genaue Beschaffenheit dieser Verteilung eine interne Frage ist, in die sich die dritten Länder nicht einzumischen haben. Worauf es hier ankommt, ist, dass das Übereinkommen lückenlos durchgeführt wird.«.

105 S. u. Ziff. 3.7, S. 71 ff.

106 Der berühmt gewordene Fall Sloweniens, wo das Europa-Abkommen für rein politische Zwecke zuerst von Italien und später von Grossbritannien ausgenutzt wurde.

107 Vgl. P. Gilsdorf, in: G-T-E, Art. 238, aaO. (Fn. 85), Rdn. 3; C. Schön, aaO. (Fn. 85), S. 12 ff.

ben der einseitigen »konstitutionellen Assoziation«[108] und nun auch der Entwicklungsassoziation[109], die in dem EG-Vertrag selbst festgeschrieben sind, sind die Freihandelsassoziierung und die Beitrittsassoziierung dem Ziel und dem Zweck des Assoziationsverhältnisses und nicht dem Art. 238 EGV selbst zu entnehmen.[110] Die Freihandelsassoziation zielt auf eine weitgehende Abstimmung der Handelspolitik der Assoziationspartner durch die Marktöffnung und gegenseitige präferentielle Behandlung ab. Das Abkommen über den Europäischen Wirtschaftsraum (EWR) wurde auch als Assoziierung[111] gemäss Art. 238 EGV postuliert, die über die Freihandelszone und die Zollunion hinausgeht und eine Wirtschaftsunion mit »binnenmarktähnlichen« Beziehungen vorsieht.

Darüber hinaus wird die Beitrittsassoziierung abgeschlossen, um einen beitrittswilligen europäischen Staat möglichst nahe an die Gemeinschaft heranzuführen und die Übernahme der mitgliedschaftlichen Verpflichtungen des EG-Vertrags vorzubereiten. Dies soll sowohl von dem Ziel und dem Aufbau des Assoziierungsabkommens als auch von der tatsächlichen Vielfältigkeit der Assoziationsverhältnisse entnommen werden. Die Beitrittsassoziierung hat einen transitorischen Effekt gegenüber der blossen präferentiellen Freihandelsassoziation, da sie als eine Vorstufe zur Vollmitgliedschaft verstanden wird.[112] Das ist nunmehr

108 Vgl. Vierter Teil, Art. 131-136a des EG-Vertrages – »Die Assoziierung der überseeischen Länder und Hoheitsgebiete«.
Vgl. dazu ausführlich D. Wolfram, aaO. (Fn. 85), S. 39 ff.

109 Vgl. Titel XVII, Art. 130u-130y – »Entwicklungszusammenarbeit«, eingefügt durch Art. G Nr. 38 EU-Vertrag. Vgl. auch dazu U. Everling, aaO. (Fn. 85), S. 473 ff.; E. U. Petersmann, aaO. (Fn. 85), S. 286-291.

110 S. u. Ziff. 2, S. 55 und Ziff. 2.1, S. 56 ff.

111 Vgl. Art. I (Ziele) des EWR-Abkommens vom 2. Mai 1992 und Gutachten 1/91, Europäischer Wirtschaftsraum I, Slg. 1991, S. I-6079; Gutachten 2/92, Europäischer Witschaftsraum II, Slg. 1992, S. I-2821.

112 Vgl. dazu E. U. Petersmann, aaO. (Fn. 85), S. 291ff.; P. Dagtoglou, Die Süderweiterung der Europäischen Gemeinschaft – insbesondere der Beitritt Griechenlands, in: EuR 1980, S. 1ff.; G. Meier, Die rechtlichen Grenzen für einen Beitritt zu den Europäischen Gemeinschaften, in: EuR 1978, S. 12 ff., insb. die 10 notwendigen Beitrittsvoraussetzungen, S. 12-13; C.-D. Ehlermann, Mitgliedschaft in der Europäischen Gemeinschaft – Rechtsprobleme der Erweiterung, der Mitgliedschaft und der Verkleinerung, in: EuR 1984, S. 113 ff.; H.-J. Glaesner, Die Süderweiterung der Europäischen Gemeinschaft, Reihe des Europa-Instituts Nr. 58, Saarbrücken 1985; W. Gärtner, Die Annäherung osteuropäischer Staaten an die Europäischen Gemeinschaften, in: ROW 1991, S. 225ff.

noch deutlicher geworden, da die Europäische Union eine *Heranführungsstrategie* gegenüber MOE-Ländern entwickelt hat, die klar auf die Vorbereitung dieser Länder auf den Beitritt anglegt ist.

Wenn die Assoziation nicht gemäss ihrem Ziel und Zweck, sondern aufgrund der Möglichkeit für eine institutionelle Beteiligung an den Organstrukturen der Assoziationspartner untersucht wird, unterscheidet man in der Literatur zwischen zwei Typen der Assoziierung, nämlich »die interne Assoziierung« und »die externe Assoziierung«.[113] Da die EU eine supranationale, eine auf unbegrenzte Dauer funktionsentwickelte Rechtsgemeinschaft ist, wird eine Mitwirkung von Nichtmitgliedern innerhalb der Integrationsgemeinschaft verneint. Auch der Wortlaut des Art. 238 EGV und die Assoziationspraxis deuten auf eine Assoziierung ausserhalb der Organstrukturen der Gemeinschaft.[114] Es wurden Vorschläge für die Schaffung eines besonderen Status für die MOE-Länder unterhalb der Vollmitgliedschaft in der Gemeinschaft gemacht,[115] was aber nur zur Erschwerung der Integrationsdynamik der Gemeinschaft führen kann. Die externe Assoziierung wickelt sich ausserhalb der Institutionen der EG in den bilateralen paritätisch aufgebauten Assoziationsorganen ab.

Angesichts der Beitrittsassoziierung und des bekundeten Wunsches der mittel- und osteuropäischen Staaten nach einer engeren Zusammenarbeit mit der EG und nicht zuletzt der EuGH-Rechtsprechung zufolge[116] hat die Gemeinschaft eine neue Strategie, im rechtlichen Sinne eine neuartige Beitrittsassoziierung *sui generis* (oder Heranführungsstrategie), die die MOEL auch an die Organstrukturen der EU heranführt. Anlehnend an die externe Assoziierung aufgrund der Europa-Abkommen wurden durch die Beschlüsse des Europäischen Rates von Kopenhagen und Essen[117] ohne direkten Einfluss auf die Willensbildung

113 Vgl. insb. P. Hollenweger, aaO. (Fn. 85), S. 23ff. und G. Zieger, aaO. (Fn. 79), S. 54-62.

114 Sog. »externe« Assoziierung, s. o. die angegebene Literatur, aaO. (Fn. 85) und S. Richter, aaO. (Fn. 28), S. 187-194.

115 Vgl, C. Schön, aaO. (Fn. 85), S. 260ff. Ein solcher Vorschlag berücksichtigt auch nicht die gerechten Beitrittswillen der MOEL.

116 Der EuGH-Rechtsprechung zufolge muss Bulgarien »zumindest teilweise am Gemeinschaftssystem teilhaben«, vgl. Rs. 12/86, Demirel, aaO. (Fn. 88), Rz. 9.

117 Vgl. aaO. (Fn. 9) u. (Fn. 10) nach Art. D EU-Vertrag.

der EU durch gemeinsame Treffen beratender Art eine interne Mitarbeit der assoziierten MOEL nach dem EU-Verfahrensrecht gesichert. Für die assoziierten MOE-Länder eröffnet sich somit die Möglichkeit, mittelbar (indirekt) an der Ausführung der Unionspolitiken insbesondere in den zweiten und dritten Säulen der EU teilzunehmen. Diese als »indirekte« bezeichnete Assoziation[118] (oder Strukturierte Beziehungen) wird unter Kapitel V lit. D. näher untersucht.

1.4 Ergebnis

Die Assoziationstheorie und die Assoziationspraxis *de lege lata* gemäss Art. 238 EG-Vertrag eröffnen den MOEL keine neuartige Assoziierungsmöglichkeit. Sie sahen ebenso keine ausserordentliche Mitarbeit der MOEL in den Institutionen der EU vor.[119]

Die Heranführung der MOEL im Rahmen der Beitrittsassoziierung kann folglich nur durch ein Zusammenspiel zwischen der Weiterentwicklung der Assoziation i. e. S. aufgrund der Europa-Abkommen einerseits und einem neuartigen Ausbau der Assoziation i. w. S. aufgrund der Beschlüsse des Europäischen Rates nach Art. D EU-Vertrag andererseits erfolgen. Somit nahm die Assoziierung der mittel- und osteuropäischen Länder, von der bisherigen Assoziationspraxis[120] Abschied.

118 Vgl. die kurze theoretische Ausführung bei P. Hollenweger, aaO. (Fn. 85), S. 24.

119 S. Richter hat diese Notwendigkeit bei der Beitrittsassoziierung *de lege ferenda* richtig erkannt, aaO. (Fn. 28), S. 189: »Diese Praxis der externen Assoziierung kann aber selbst nicht dafür herangezogen werden, die durch den EWG-Vertrag in Art. 238 EWG-Vertrag eröffneten Anwendungsmöglichkeiten für zukünftige Assoziierungen zu beschränken.«.

Auch P. Gilsdorf, in G-T-E, Art. 238, aaO. (Fn. 85), Rdn. 16, lit. i, hat eine solche Möglichkeit, »die assoziierten Staaten an gewissen institutionellen Verfahren vorbereitender Art teilnehmen zu lassen«, jedoch nur für die assoziierten Länder, die die Beitrittsverhandlungen abgeschlossen haben, dann aber weitreichend, nicht ausgeschlossen.

Vielmehr braucht man die MOEL in einem früheren Stadium der Beitrittsassoziierung mit der Funktionsweise der EU-Organe vertraut zu machen, damit sie die Erfüllung der späteren mitgliedschaftlichen Anforderungen wahrnehmen können.

120 So die Assoziierung mit Griechenland, der Türkei, Jugoslawien, Lomé-Abkommen, die Abkommen mit Maghreb- und Mashrik-Staaten, Israel. Auf die besondere Rechtsnatur des EWR-Abkommens wird hier nicht eingegangen.

Das Europa-Abkommen stützt sich auf eine originäre sachliche Kompetenz, die im Art. 238 EG-Vertrag für die Gemeinschaft im Aussenbereich vorgesehen ist. Das Assoziierungsabkommen wurde als gemischtes Abkommen von Bulgarien einerseits und von der EG und ihren Mitgliedstaaten gemeinsam geschlossen. Trotz der ablehnenden Stimmen in der europarechtlichen Literatur,[121] aber der restriktiven Rechtsprechung des EuGH zufolge,[122] galten ein grosser Teil der Sachgebiete des Abkommens als Bereiche mit geteilten Zuständigkeiten. So verstandene originäre Kompetenzen der Mitgliedstaaten hat auch die Gemischtheit des Europa-Abkommens mit Bulgarien vorbestimmt. Von den vier Grundfreiheiten[123] gemäss Art. 7a des EG-Vertrags konnte lediglich der freie Verkehr von Waren selbständig von der Gemeinschaft nach aussen in das Assoziationsrecht transponiert werden.

Da die Zeit drängte und Frankreich und Spanien auf ihrer Position verharrten, wurde das Problem mit der Ratifikation und der Umsetzung des Europa-Abkommens mit Bulgarien[124] in der Assoziationspraxis durch ein Interimsabkommen pragmatisch gelöst. Das Interimsabkommen mit Bulgarien[125] wurde jedoch nicht auf Art. 238 EGV, sondern auf Art. 113 EGV gestützt, der die alleinige Zuständigkeit der Gemeinschaft zum Abschluss des Abkommens über Handel und Handelsfragen begründet. Das Interimsabkommen ging aber nicht über die Regelung des reinen Warenaustausches hinaus.

121 Vgl. P. Gilsdorf, aaO. (Fn. 18), S. 163 und insb. dortige Fn. 57. Die Europa-Abkommen wurden als Assoziierungsabkommen mit »rein gemeinschaftlicher Natur« verstanden.

122 Vgl. zuletzt Gutachten 1/94, WTO, aaO. (Fn. 99), insb. der Tenor: 1) und 2) des Gutachtens und Gutachten 2/92, OECD-Investitionsschutzbeschluss, aaO. (Fn. 100), insb. der Tenor 2).

123 Kraft Art. 7a Abs. 2 EG-Vertrag sind die vier Grundfreiheiten des Binnenmarktes der freie Verkehr von Waren, Personen, Dienstleistungen und Kapital.

124 Das Europa-Abkommen mit Bulgarien wurde am 8. März 1993 unterzeichnet, trat aber erst am 1. Februar 1995 in Kraft.

125 Interimsabkommen über Handel und Handelsfragen zwischen der Europäischen Wirtschaftsgemeinschaft und der Europäischen Gemeinschaft für Kohle und Stahl einerseits und der Republik Bulgarien andererseits, ABl. EG 1993 Nr. L 323.

2 Das Europa-Abkommen zwischen der Europäischen Gemeinschaft und Bulgarien

Das am 8. März 1993 in Brüssel zwischen Bulgarien einerseits und der Europäischen Gemeinschaft und ihren Mitgliedstaaten andererseits unterschriebene und ab dem 1. Februar 1995 in Kraft getretene Europa-Abkommen[126] bringt eine neue umfassende Gestaltung der Beziehungen zwischen den Parteien mit sich. Die Bezeichnung der Assoziationsparteien (Bulgarien einerseits und die EG und die Mitgliedstaaten andererseits) beim Abschluss des Europa-Abkommens deutet auf seinen bilateralen paritätischen Charakter mit gegenseitigen Rechten und Pflichten.

Dabei handelt es sich um ein gemischtes Abkommen,[127] denn das EA wurde auf der Seite der Gemeinschaft von der EG und ihren Mitgliedstaaten gemeinsam unterschrieben. Das Assoziierungsabkommen mit Bulgarien wurde von der EG auf Art. 238 in Verbindung mit Art. 228 Abs. 2 Satz 2 und Abs. 3 Unterabs. 2 EG-Vertrag – auf Vorschlag der Kommission nach dem einstimmigen Beschluss des Ministerrates, mit der Zustimmung des Europäischen Parlaments – geschlossen. Die Mitgliedstaaten haben das Europa-Abkommen mit Bulgarien nach ihren jeweiligen verfassungsrechtlichen Ordnungen ratifiziert. Die bulgarische Volksversammlung (Narodno Sabranjie) hat das EA durch Gesetz nach Art. 85 Abs. 1 Ziff. 8 BGV[128] im Zusammenhang mit Art. 124 Satz 1 EA-BG ratifiziert.[129]

126 S. o. (Fn. 11), ABl. EG 1994 Nr. L 358. Vgl. auch Art. 124 Abs. 1 zweiter Satz EA und Darzaven Vestnik (DV – Staatsblatt, Gesetzblatt) Nr. 61 vom 7. Juli 1995.

127 S. o. Kapitel V Ziff. 1.2, S. 29 ff.

128 Siehe den Anhang dieser Abhandlung: Bulgarische Verfassung (BGV) vom 12. Juli 1991 in Darzaven Vestnik Nr. 56 vom 13. Juli 1991, deutsche Übersetzung, Agentur Sofia Press (Hrsg.).

129 Vgl. Gesetz über die Ratifikation des Europa-Abkommens zwischen Bulgarien einerseits und der Europäischen Gemeinschaft und ihren Mitgliedstaaten andererseits vom 15. April 1993, DV Nr. 33 1993, vgl. auch Art. 86 Abs. 1 BG-Verfassung, ebd.

2.1 Die Frage der Beitrittsassoziierung der MOEL

Durch das Europa-Abkommen wird eine Assoziation i. e. S.[130] gegründet (Art. 1 Abs. 1 EA-BG), die das Ziel hat, schrittweise gemäss Art. 7 EA mit Bulgarien die wesentlichen Elemente des EG-Vertrags (insbesondere der freie Warenverkehr, der Dienstleistungsverkehr, das Niederlassungsrecht, der Zahlungs- und Kapitalverkehr, die Freizügigkeit der Arbeitnehmer, das Wettbewerbsrecht)[131] auf den gesamten Handel[132] der Assoziationspartner anzuwenden. Am Ende der Übergangszeit wird eine Freihandelszone eingerichtet. Das Europa-Abkommen ist auf unbefristete Dauer angelegt (Art. 121 Satz 1 EA-BG) und sieht über die handelspolitische und wirtschaftliche Zusammenarbeit hinaus einen politischen Dialog und eine kulturelle Zusammenarbeit[133] vor.

Dadurch sollen die Voraussetzungen für eine entsprechende Übernahme der resultierenden Verpflichtungen der zukünftigen Mitgliedschaft Bulgariens in der Europäischen Union geschaffen werden. In der Präambel des Abkommens[134] anerkennen die Vertragsparteien, dass das Fernziel der Assoziierung Bulgariens eine Mitgliedschaft in der EU ist und die dynamisch angelegte Assoziierung das Erreichen dieses Zieles unterstützen soll.[135] Die Europa-Abkommen geben auch meh-

130 S. o. Ziff. 1.2, S. 29 und Ziff. 1.4, S. 35 i.f., 36.

131 Vgl. Art. 8 bis 37, Art. 56 bis 58, Art. 45 bis 55, Art. 60 bis 63, Art. 38 bis 44, Art. 64 bis 68 EA-Bulgarien (BG).

132 S. u. Ziff. 3, S. 55 ff.

133 Vgl. Art. 2 bis 5 und Art. 98 EA-BG, ebd.

134 Vgl. letzter Erwägungsgrund der Präambel des EA-BG, ebd.

135 Vgl. S. Richter, aaO. (Fn. 28), S. 115-120, lässt das Zusammenspiel der Art. 237 (nun Art. O EUV) und Art. 238 EGV für die Assoziierung von europäischen beitrittswilligen Staaten ausser Acht. Auch C. Schön, aaO. (Fn. 85), S. 140, ohne überzeugende Nachweise, betrachtet den Beitritt als völlig von der Assoziierung abgekoppeltes Rechtsinstitut.

Die EU-Kommission wollte einerseits angesichts der Komplikationen mit den Beitrittszugeständnissen an die Türkei eine verfrühte Beitrittszusicherung für die MOEL vermeiden, aber andererseits wollte sie durch eine weitausgebaute Assoziierung die MOEL auf den Beitritt in die EU vorbereiten.

Die theoretische Besonderheit und Existenz der Beitrittsassoziierung ist nunmehr auch praktisch durch die entwickelte Heranführungsstrategie (eine Beitrittsassoziierung *sui generis*) durchaus bestätigt. Vgl. so die Mitteilung der Kommission über eine Strategie zur Vorbereitung des Beitritts der MOEL, KOM(94) 320 endg., aaO.

rere Indizien dafür, dass sie nicht als blosse Freihandelsabkommen[136] angesehen werden können,[137] die lediglich mehrere Sachbereiche des EG-Vertrags beinhalten.

Die Europa-Abkommen sind nunmehr die rechtliche Voraussetzung (*conditio sine qua non*), damit sich ein assoziiertes Land an die Strukturierten Beziehungen, die »besondere und privilegierte Beziehungen« »nach den üblichen EU-Verfahren« mit der Union herstellen, beteiligen können. Die Strukturierten Beziehungen zielen auf die Vorbereitung des Beitritts ab.[138] Ein Widerspruch zwischen den Europa-Abkom-

(Fn. 7), S. 1 ff. und die Beschlüsse des Europäischen Rates in Kopenhagen, Korfu, Essen, Cannes, Madrid.

Vgl. auch in diesem Sinne: P. Gilsdorf, Assoziierung der Europäischen Wirtschaftsgemeinschaft: Entwicklung und Perspektive, Reihe des Europa-Instituts Nr. 200, Saarbrücken 1990, S. 4-5; ders., Art. 238 EGV, aaO. (Fn. 85), Rdn. 24; C. Vedder, Art. 238 EGV, aaO. (Fn. 85), Rdn. 40; P. Dagtoglou, aaO. (Fn. 112), S. 4 ff.; E. Petersmann, aaO. (Fn. 85), S. 292-295; H. J. Glaesner, aaO. (Fn. 112), S. 26-30; W. Gärtner, aaO. (Fn. 112), S. 226.

136 Vgl. zweiter Erwägungsgrund der Präambel des EA, ebd.
»(...) enge und dauerhafte Beziehungen aufzunehmen und die Teilnahme Bulgariens an dem europäischen Integrationsprozess zu ermöglichen (...).«.

137 Die neuesten Entscheidungen des EuGH - Rs. C-297/91, Eurim-Pharm und Rs. C-312/91, Metalsa, noch nicht in der amtl. Slg. veröffentlicht - gehen vielmehr aus der gleichen Zielsetzung der Abkommen wie die Ziele der Gemeinschaft heraus. Deshalb wird nicht jede Assoziierung gleich angesehen.

Das Freihandelsabkommen mit Österreich wurde auf Art. 113 EWGV geschlossen, schuf jedoch »assoziationsähnliche Verhältnisse« (also im Bereich des Art. 238 EGV), vgl. dazu M. Schweitzer / W. Hummer, aaO. (Fn. 68), S. 170. Es wurde trotzdem vom EuGH als ein blosses Freihandelsabkommen angesehen, vgl. so Rs. C-297/91, Eurim-Pharm. Dem EuGH zufolge kann nicht ein Freihandelsabkommen nach Art. 113 EGV die Rechtsnatur und die Tragweite eines ausgebauten Assoziationsverhältnisses nach Art. 238 EGV erreichen.

Dementgegen schafft das Abkommen mit der Türkei »besondere und privilegierte Beziehungen« mit der Gemeinschaft. Der Drittstaat muss »zumindest teilweise am Gemeinschaftssystem teilhaben«, vgl. so Rs. 12/86, Demirel, aaO. (Fn. 88), Rz. 9. Das Assoziierungsabkommen mit der Türkei wurde angesichts des künftigen Beitritts des Landes in die EU (Beitrittassoziierung) geschlossen.

Vgl. auch die Rs. 17/81, Pabst & Richarz, Slg. 1982, S. 1331, Rz. 26 über die Beitrittsassoziierung Griechenlands.

Anders offenbar S. Richter, aaO. (Fn. 28), S. 115-120.

138 Vgl. so die Schlussfolgerungen des Vorsitzes des Europäischen Rates in Kopenhagen, aaO. (Fn. 9), S. 28: »*Im Hinblick auf den Beitritt* und die einschlägigen Vorarbeiten und *parallel* zu der bilateralen Struktur der Europa-Abkommen wird mit den mit der Gemeinschaft durch Europa-Abkommen *verbundenen* mittel- und ost-

men und den Strukturierten Beziehungen ist angesichts ihres Ziels und Zwecks daher ausgeschlossen, da sie zwei Säulen der Beitrittsassoziierung *sui generis* der MOEL (Heranführungsstrategie) sind.[139]

2.2 Kompatibilität der Freihandelszone mit den völkerrechtlichen Schranken des WTO-Freihandelskodex

Gemäss Art. 8 Abs. 1 (Europa-Abkommen mit Bulgarien) ist die schrittweise Errichtung einer Freihandelszone nur unter dem Vorbehalt der GATT-Bestimmungen möglich. So wendet das Europa-Abkommen selbst die Schranken des WTO[140]-Kodex insbesondere Art. XXIV GATT (1947)[141] an.[142] Deshal wird im folgenden eine kurze Auslegung dieser Bestimmung abgegeben.

Die engere regionale Wirtschaftsintegration muss kompatibel mit den Grundprinzipien des internationalen Freihandels sein:

i) Nichtdiskriminierung im Sinne von automatischer und bedingungsloser Meistbegünstigung (Art. I GATT) und der Gleichbehandlung von Produkten (Art. II und Art. XIII GATT) und Personen (Inländerbehandlung – Art. III GATT) und;

europäischen Ländern ein multilateraler Rahmen (...) geschaffen.«. S. u. dazu ausführlich Kapitel V lit. D.

139 Die ersten mittel- und osteuropäischen Länder sollen im Jahr 2002/3 der Europäischen Union beitreten. So der Sekretär im Kabinett des Kommissionspräsidenten Jacques Santer, Kirk, bei einem Vortrag an der Universität Bern am 1. Mai 1996. Solche Prognosen wurden auch von den EU-Kommissionsstellen in Brüssel geäussert.

140 World Trade Organisation – WTO (Welthandelsorganisation).

141 GATT (1947) – General Agreement on Tariffs and Trade; GATT (1994) – das herkömmliche GATT(1947) revidiert und ergänzt durch die Uruguay-Runde.

142 Bulgarien ist seit dem 1. Dezember 1996 nach langem Beobachterstatut (seit 1967) und Beitrittsantrag im Jahr 1986 Vollmitglied des WTO.

Die Gemeinschaft ist formell nicht Mitglied des GATT aber ist seit den Grundsatzentscheiden des EuGH – Rs. 21-24/72, International Fruit Company, Slg. 1972, S. 1219; Rs. 266/81, SIOT, Slg. 1983. S. 731; Rs. 70/87, Fediol III, Slg. 1989, S. 1781; Rs. C-280/93, Deutschland/Rat, Slg. 1994, S. I-4973 und zuletzt bestätigt durch Rs. C-469/93, Chiquita Italia Spa, noch nicht in der amtl. Slg. veröffentlicht – an das GATT gebunden.

ii) Schutz durch Zölle und Verbot der mengenmässigen Importbeschränkungen (Art. XI GATT).[143]

Deshalb sieht Art. XXIV Abs. 5 u. Abs. 8 GATT eine Ausnahme für die Zollunion und die Freihandelszone[144] vom Meistbegünstigungsprinzip vor. Demzufolge sind drei Prüfungsmassstäbe für die Rechtfertigung der Freihandelszone zwischen der Europäischen Gemeinschaft und Bulgarien massgebend:

- Die Zölle, die sich aus dem Europa-Abkommen ergeben, sollen weder höhere Zollbelastung verursachen noch einschränkend auf den Handel mit Drittländern wirken - Art. XXIV Abs. 5 lit. b;
- Das Europa-Abkommen soll einen Plan und ein Programm zur Errichtung der Freihandelszone haben - Art. XXIV Abs. 5 lit. c;
- Das EA-BG soll den Hauptteil des Aussenhandels zwischen den Vertragsparteien liberalisieren - Art. XXIV Abs. 8 lit. b *in fine* GATT(1947).

Die erste Voraussetzung, ob die Freihandelszone zwischen der EG und Bulgarien protektionistisch und handelshemmend wirkt, soll anhand der Abschaffung der jeweiligen tarifären und nichttarifären Handelshämmnisse geprüft werden.

Die Liberalisierung des Handels in der Freihandelszone mit der Gemeinschaft verlangt eine unentbehrliche Änderung der Aussenhandelspolitik Bulgariens gegenüber Drittländern, unter anderen auch gegenüber Russland. Sie soll jedoch nicht diskriminierend und marktabschottend für die Zugangsbedingungen der Drittländer wirken und

143 Vgl. dazu K. Hailbronner / R. M. Bierwagen, Das GATT - Die Magna Charta des Welthandels, JA 1988, S. 321 ff.; F. K. Liebich, Das GATT als Zentrum der internationalen Handelspolitik, Baden-Baden 1971, S. 29 ff.; T. Cottier (Hrsg.), GATT-Uruguay Round, Bern 1995; B. Jansen, Die neue Welthandelsorganisation, EuZW 1994, S. 333 ff.; S. Richter, aaO. (Fn. 28), S. 211 ff., insb. S. 241-245; J. Le Bullenger, aaO. (Fn. 65), S. 165 ff.

144 Art. XXIV Abs. 8 lit. a GATT sieht auch eine legale Definition der Zollunion und lit. b der Freihandelszone vor. Der Unterschied zwischen den beiden ist der fehlende gemeinsame Aussenzoll bei der Freihandelszone.

nachteilige Auswirkungen »so weitgehend wie möglich« auf den Handel dieser Länder vermeiden.[145]

Nach Art. 7 und Art. 8 EA-BG wird die Errichtung der Freihandelszone in einer Übergangszeit von höchstens zehn Jahren schrittweise gemäss einem zeitlichen Programm geschehen.[146] Das Europa-Abkommen soll darüber hinaus beim WTO-Rat für Warenverkehr notifiziert werden, um die Transparenz und die Vorhersehbarkeit für Drittländer sicherzustellen.[147]

Was den dritten Sachverhalt betrifft, ist die Freihandelszone unter dem »substantially all the trade« gerechtfertigt, wenn keine wesentlichen Handelssektoren Bulgariens und / oder der EG von den Regelungsbereichen des Europa-Abkommens ausgeschlossen sind.[148] Demzufolge ist weniger für den gesamten Handel eine quantitative Berurteilung des Handelsvolumens der Vertragsparteien von Bedeutung.[149]

2.2.1 Zwischenergebnis

Zusammenfassend lässt sich feststellen, dass die Freihandelszone zwischen Bulgarien und der EG aufgrund des Europa-Abkommens nur dann dem GATT-System angepasst ist, wenn »nach aussen« gegenüber Drittländern zuerst eine quantitative Bewertung (nach der Höhe der

145 Vgl. Art. XXIV Abs. 4 GATT und vierter Erwägungsgrund der Vereinbarung zur Auslegung des Artikels XXIV GATT (1994), in: GATT-Botschaft 1 des Schweizerischen Bundesrates vom 19. September 1994, BBl. 1994 IV, Nr. 94.079, Anhang II. 1A.1.d, S. 465 ff.

146 Vgl. so Art. 10 u. Art. 11 EA-BG, ebd. Die Vereinbarung zur Auslegung des Artikels XXIV GATT (1994) in Ziff. 3 schreibt als Regelfall eine Zeitspanne von zehn Jahren vor, ebd.

147 Vgl. Art. XXIV Abs. 7 lit. a GATT (1947) und nunmehr Ziff. 7-11 der Vereinbarung zur Auslegung des Artikels XXIV GATT (1994), ebd.

148 Vgl. dritter Erwägungsgrund der Vereinbarung zur Auslegung des Artikels XXIV GATT (1994), ebd. Vgl. auch S. Richter, aaO. (Fn. 28) u. dort erwähnte GATT-Praxis, S. 243-245.

149 Die EU ist die bedeutendste Handelspartnerin Bulgariens. 37.2 % der Exporte für 1995 gehen in die EU - bei nur 2 % für 1988 und 5.6 % für 1990 - und 38.1 % der Importe für 1995 kommen aus der EU (in % of total). In US-$ bedeutet dies 1904 Mio. US-$ der Exporte und 1923 Mio. US-$ der Importe, in: Countries in Transition 1996, WIIW Handbook of Statistics, The Vienna Institute for Comparative Economics Studies, Vienna 1996, S. 250.

Zölle und nach der Art und Menge anderer nichttarifäre Handelshemmnisse)[150] und subsidiär eine qualitative[151] Beurteilung (nach Handelsbereichen) gerecht ist.

Im Gegenteil ist die Freihandelszone »nach innen« mit dem Ziel und Zweck des GATT-Systems kompatibel,[152] wenn zwischen den Vertragsparteien alle wesentlichen Handelsbereiche liberalisiert sind. Dem Ausmass des Handelsvolumens kommt eine zusätzliche und korrigierende Bedeutung zu.

2.3 Rang und Geltung des Europa-Abkommens im bulgarischen Recht kraft der Verfassung

Soweit das Assoziierungsabkommen zwischen Bulgarien und der EG als Gemeinschaftsrecht angesehen wird und eine unmittelbare Wirkung (effet direct) in den Mitgliedstaaten entfaltet,[153] muss dies keineswegs auch für Bulgarien gelten.

Da Bulgarien nicht Mitglied der EU ist, wird das Europa-Abkommen nach den Massstäben der bulgarischen Verfassung über den Rang und die Geltung[154] der internationalen Verträge beurteilt. Bei dieser Auslegung des EA-BG soll auch von dem Ziel, dem Zweck und dem Aufbau der Beitrittsassoziierung ausgegangen werden, da sie einen höheren Grad an Kompatibilität mit dem Gemeinschaftsrecht voraussetzt.[155]

150 Vgl. Ziff. 2 der Vereinbarung zur Auslegung des Artikels XXIV GATT (1994), ebd.: »(...) erfolgt anhand einer Gesamtbewertung der gewogenen durchschnittlichen Zollsätze und der tatsächlich erhobenen Zölle. Dieser Bewertung liegen die Einfuhrstatistiken für einen vorausgegangenen repräsentativen Zeitraum zugrunde, die von der Zollunion [bzw. Freihandelszone] für die einzelnen Tariflinien in Wert und Mengen (...) vorzulegen sind.«.

151 Vgl. Ziff. 2 *in fine*, ebd.: »Es wird anerkannt, dass zur Gesamtbewertung der Inzidenz anderer Handelsregelungen, für die eine Quantifizierung und Summierung schwierig ist, die Prüfung einzelner Massnahmen, Regelungen, einbezogener Waren und betroffener Handelsströme erforderlich sein kann.«.

152 Vgl. in dem Sinne Art. XXIV Abs. 4 GATT (1947), ebd.

153 S. u. ausführlich dazu Ziff. 2.4.1, S. 50 ff.

154 Es wird in dieser Abhandlung die Geltung des Europa-Abkommens in der bulgarischen Rechtsordnung als Voraussetzung für die Wirkung (auch die unmittelbare Anwendbarkeit einzelner Bestimmungen) des Assoziierungsabkommens verstanden.

155 S. o. Ziff. 2.1, S. 38 ff.

2.3.1 Der Rang des Europa-Abkommens

Die Verfassung der Republik Bulgarien vom 12. Juli 1991[156] war die erste neue Verfassung in Osteuropa, die die gesellschaftliche Transformation auf dem wirtschaftlichen, politischen, rechtlichen und sozialen Gebiet sachlich geregelt hat. Die Verfassung besteht aus zehn Kapiteln sowie Übergangs- und Schlussbestimmungen. Im Kapitel 1 sind die Grundlagen festgelegt, die in den folgenden Kapiteln weiterentwickelt und konkretisiert werden. Das erste Kapitel der BGV beinhaltet auch die Regelungen über das Verhältnis Völkerrecht – Landesrecht, womit die besondere Bedeutung des Völkerrechts für Bulgarien betont wird.

Gemäss Art. 5 Abs. 4 BGV sind die nach der verfassungsmässigen Ordnung ratifizierten, bekanntgemachten und für die Republik Bulgarien in Kraft getretenen internationalen Verträge Bestandteil des innerstaatlichen Rechts. Sie haben Vorrang vor ihnen widersprechenden Normen der innerstaatlichen Gesetzgebung. In Art. 85 Abs. 1 BGV sind die internationalen Verträge aufgelistet, die die Volksversammlung (Narodno Sabranjie) durch Gesetz ratifiziert.[157] Zum ersten Mal hat die bulgarische Verfassung den Vorrang des Völkerrechts postuliert. Der Verfassungsgeber hat die Theorie des Monismus übernommen, nach der das Völkerrecht Vorrang vor der innerstaatlichen Gesetzgebung hat. Diese Bestimmungen der neuen bulgarischen Verfassung bilden einen qualitativen Unterschied im Vergleich zur alten sozialistischen Verfassung. Sie ging von der Theorie des realistischen Dualismus aus.[158] Demzufolge stellten das Völkerrecht und das nationale bulgarische Recht zwei selbständige Rechtsordnungen dar, und das Völkerrecht hatte keinen Vorrang vor dem innerstaatlichen Recht.

Nach der neuen bulgarischen Verfassung (Art. 5 Abs. 4) ist das Europa-Abkommen mit Bulgarien ab dem Inkrafttreten (1. Februar 1995)

156 AaO. (Fn. 128), Darzaven Vestnik Nr. 56 1991, S. u. auch den Anhang.
157 Vgl. so das Gesetz über die Ratifikation des Europa-Abkommens, aaO. (Fn. 129).
158 Vgl. dazu I. Seidl-Hohenveldern, aaO. (Fn. 17), S. 134 ff.; A. Verdross / B. Simma, Universelles Völkerrecht, 3. Aufl., Berlin 1984, S. 545-554; J. P. Müller / L. Wildhaber, Praxis des Völkerrechts, Bern 1977, S. 133 ff., insb. die Bemerkung auf S. 137; A. Bleckmann, Europarecht, Köln; Berlin; Bonn; München 1977, S. 161-163; P. Radoijnow, Abstimmung des innerstaatlichen und des Völkerrechts, Sofia 1971, S. 70 ff.

Bestandteil der bulgarischen Rechtsordnung und hat Vorrang, nicht nur vor dem widersprechenden bulgarischen Recht, sondern auch als *argumentum a contrario* des Art. 5 Abs. 4 Satz 2 BGV vor allen innerstaatlichen Gesetzen. Dem Assoziierungsabkommen kommt in der bulgarischen Rechtshierarchie ein Rang über den Gesetzen zu, und es schliesst damit die Anwendung der Regel *lex posterior derogat legi prior* aus.

Der Vorrang des EA-BG ist aufgrund von Art. 149 Abs. 4 Ziff. 4 BGV und Art. 12 Abs. 1 Ziff. 4 des Gesetzes über das Verfassungsgericht[159] rechtlich gesichert. Das Verfassungsgericht prüft vor der Ratifizierung eines internationalen Vertrags seine Vereinbarkeit mit der Verfassung. Das spricht m. E. für die übergeordnete Stelle des Völkerrechts gegenüber der bulgarischen Verfassung.[160] Die Verfassungsväter wollten die Übereinstimmung der Verfassung mit dem Völkerrecht durch die Entscheidung nach Art. 14 Abs. 1[161] (eine Art Gutachten) des obersten bulgarischen Gerichts sicherstellen.[162] Die Entscheidungen des Verfassungsgerichts sind für alle Staatsorgane, natürlichen und juristischen Personen verbindlich.[163]

Die Verfassung gibt jedoch keine Antwort, wenn das Gutachten des Verfassungsgerichts negativ ausfällt. Damit das gute Funktionieren der internationalen Staatengemeinschaft nicht gefährdet wird und die Verträge nach Treu und Glauben erfüllt werden können,[164] muss die Ratifikation auf dem Wege der Verfassungsänderung stattfinden. Dieser zwingende Einfluss des Völkerrechts auf die Verfassung ist selbst in Art. 85 Abs. 3 BGV verdeutlicht. Somit ist das Parlament befugt, zuerst die erforderlichen Verfassungsänderungen vorzunehmen, um die Vereinbarkeit der Verfassung mit den internationalen Verträgen zu sichern.

159 Vgl. Gesetz über das Verfassungsgericht vom 30. Juli 1991, DV Nr. 67 vom 16. August 1991, Bulgarisch.

160 Anders offenbar S. Stalev, Verfassungsgerichtsbarkeit in Bulgarien, ROW 1993, S. 34.

161 Vgl. das Gesetz über das Verfassungsgericht, ebd.

162 Diese Bestimmung der bulgarischen Verfassung weist eine interessante Ähnlichkeit auf mit der gutachtlichen Tätigkeit des EuGH gemäss Art. 228 Abs. 6 EGV für die Sicherstellung des EG-Vertrags beim Abschluss völkerrechtlicher Übereinkünfte.

163 Vgl. Art. 14 Abs. 4 des Gesetzes über das Verfassungsgericht, ebd.

164 Vgl. das Prinzip *pacta sunt servanda* nach Art. 26 und Art. 27 Wiener Übereinkommen über das Recht der Verträge.

Es soll deshalb ein Vorrang des Europa-Abkommens vor der Verfassung angenommen werden. Die bulgarische Verfassung postuliert eine übergeordnete Stellung des Assoziationsrechts und macht den Weg für die Vorbereitung Bulgariens auf den Beitritt zur EU frei.

2.3.2 Die Geltung des Europa-Abkommens

Die Geltung des Völkerrechts in der innerstaatlichen Rechtsordnung nach der alten bulgarischen Verfassung wurde durch die spezielle Transformation[165] gesichert. Mittels Gesetzesbestimmungen wurden die ursprünglich völkerrechtlichen Normen zu solchen des bulgarischen Rechts gemacht. Sie gingen den gleichrangigen früheren innerstaatlichen Normen vor, aber nicht den späteren gleichrangigen innerstaatlichen Normen, die sie aufheben konnten. Das führte dazu, dass sich Bulgarien einer Reihe internationaler Verträge anschloss, ohne die Bedingungen für ihre Anwendung im innerstaatlichen Recht zu sichern.[166]

Nach Art. 5 Abs. 4 der bulgarischen Verfassung von 1991 ist nun das Europa-Abkommen zwischen der EG und Bulgarien Bestandteil des innerstaatlichen Rechts, und es hat Vorrang in der bulgarischen Rechtsordnung. Das Europa-Abkommen geht nach der Adoptionstheorie[167] der bulgarischen Verfassung dem früheren oder späteren bulgarischen Recht vor. Das vertragswidrige nationale Recht soll automatisch verdrängt oder geändert werden.

Das Verfassungsgericht nach Art. 149 Abs. 4 BGV ist befugt, im Wege der allgemeinen Rechtspflege die Übereinstimmung der bulgarischen Gesetze mit dem EA-BG zu überprüfen und zu sichern. Das Verfassungsgericht handelt jedoch nicht *ex officio,* sondern auf Antrag von mindestens einem Fünftel der Abgeordneten, des Präsidenten, des Ministerrates, des Obersten Kassationsgerichts, des Obersten Verwaltungsgerichts und des Generalstaatsanwalts.[168] Leider gibt die bulgari-

165 Vgl. dazu I. Seidl-Hohenveldern, aaO. (Fn. 17), S. 142.

166 Vgl. dazu und dortige Literatur E. Konstantinov, Die neue bulgarische Verfassung von 1991, ROW 1993, S. 39.

167 Vgl. I. Seidl-Hohenveldern, ebd., S. 142-144.

168 Vgl. Art. 150 Abs. 1 BGV, ebd.

sche Verfassung dem Einzelnen nicht die Möglichkeit, sich direkt an das Verfassungsgericht zu wenden.[169] Für sie bleibt nur ein indirekter Weg durch die Subjekte nach Art. 150 Abs. 1 BGV, um das Verfassungsgericht einzuberufen.

2.3.3 Zwischenergebnis

Es lässt sich feststellen, dass die bulgarische Verfassung den Vorrang des Europa-Abkommens vorschreibt. Im Falle eines Widerspruchs mit den nationalen Gesetzen geht das Abkommen vor. Aufgrund des Art. 85 Abs. 3 BGV und der Auslegung des Verfassungsgerichts soll m. E. das Europa-Abkommen einen Vorrang vor der bulgarischen Verfassung erlangen. Die Verfassungsänderungen, die notwendig sind, müssen zunächst gemäss Kapitel 9 »Abänderungen und Ergänzungen zur Verfassung« BGV vorgenommen werden, damit die Übereinstimmung der Verfassung mit dem Völkerrecht sichergestellt wird.

Die Änderungen des Grundprinzips über den Vorrang des Völkerrechts in Art. 5 Abs. 4 BGV ist nicht in der Zuständigkeit der Volksversammlung (Narodno Sabranjie – Parlament), sondern kraft Art. 157 Abs. 1 Ziff. 4 BGV im Kompetenzbereich der Grossen Volksversammlung (Veliko Narodno Sabranjie). Die Grosse Volksversammlung setzt sich aus 400 Abgeordneten zusammen[170] und entscheidet mit einer Mehrheit von zwei Dritteln aller Abgeordneten in drei Lesungen an verschiedenen Tagen[171] über Fragen von aussergewöhnlicher Wichtigkeit für Bulgarien. Diese institutionalisierrte Prozedur zur Änderung des Grundsatzes über das Verhältnis Völkerrecht – Landesrecht verdeutlicht die enorme Bedeutung, die die bulgarische Verfassung der Frage des Vorrangs der internationalen Verträge (bzw. des Europa-Abkommens) zuschreibt.

Das Europa-Abkommen braucht keine innerstaatliche Transformation in der bulgarischen Rechtsordnung, um seine Wirkung zu erlan-

169 Vgl. auch so S. Stalev, Transformation der Rechts- und Wirtschaftsordnung in Bulgarien – Probleme und Perspektiven, ZEuP 1996, S. 445.
170 Vgl. Art. 157 BGV, ebd.
171 Vgl. Art. 161 BGV, ebd.

gen. Es gilt in der innerstaatlichen Rechtsordnung nach der Ratifikation durch das Parlament kraft der Verfassung (Art. 5 Abs. 4 BGV) selbst.

Damit kommt Bulgarien bezüglich des Rangs und der Geltung des Assoziationsrechts dem Rechtszustand nahe, der im Geltungsbereich der Gemeinschaft gemäss der ständigen Rechtsprechung des EuGH gilt.[172]

Anders stellt sich die Frage über die unmittelbare Anwendbarkeit (self-executing) der einzelnen Bestimmungen des Europa-Abkommens im bulgarischen Recht. Das EA-BG in Art. 114 erlegt den Vertragsparteien die Verpflichtung auf, dafür zu sorgen, dass natürliche und juristische Personen die zuständigen Gerichte und Verwaltungsbehörden anrufen können, um ihre persönlichen Rechte auch aufgrund von »self-executing«-Bestimmungen geltend zu machen.

2.4 Die Auslegung des Assoziationsrechts durch den Europäischen Gerichtshof und die mögliche Auswirkung auf die Rechtsprechung der bulgarischen Gerichte

Die bulgarische Verfassung in Art. 85 Abs. 2 sieht vor, dass von der Volksversammlung ratifizierte Verträge nur in der in den Verträgen selbst vorgesehenen Weise oder in Übereinstimmung mit den allgemeinen anerkannten völkerrechtlichen Normen geändert oder gekündigt

172 Jedoch bleibt noch zu prüfen, ob die bulgarische Verfassung auch die Möglichkeit vorsieht, Souveränitätsrechte an die Europäische Union zu übertragen, was einen Beitritt zur EU unumgänglich macht.
- Ist ein Referendum notwendig oder genügt eine Verfassungsänderung?
- Wer soll die Änderung der Verfassung vornehmen?
- Wird dies von der Volksversammlung gemacht, oder soll die Einberufung der Grossen Volksversammlung unabdingbar sein, da Souveränitätsrechte abgetreten werden müssen?
- Welches soll die richtige Rechtsgrundlage (Verfassungsbestimmung oder -bestimmungen) dafür sein?
- Ist ein zustimmendes Referendum über die Verfassungsänderungen notwendig?

Auf diese und andere Fragen wird hier aus verschiedenen Gründen nicht näher eingegangen.

werden können. Das ist eine weitere Bestätigung der Assoziationsfreundlichkeit der bulgarischen Verfassung. Sie übernimmt die Auslegungsmethoden des Europa-Abkommens selbst und macht es dadurch möglich, dass die »effet utile«-Doktrin und die Interpretationsmethode des EuGH über die einheitliche und unmittelbare Anwendung des Assoziationsrechts in der bulgarischen Rechtsordnung geltend gemacht werden können. Ausserdem ist seit langem in der europarechtlichen Literatur die Erkenntnis gewonnen, dass die Assoziierungsabkommen angesichts des Zustandekommens, ihrer Auslegung und Abänderung kein reines Völkerrecht sind, sondern im »Schnittpunkt« zwischen Europarecht und Völkerrecht stehen.[173] Die Europa-Abkommen sollen eine Mischform des Völker- und Gemeinschaftsrechts sein, da sie zwar ausserhalb des Gemeinschaftsrechts zwischen völkerrechtlichen Subjekten zustande gekommen sind, aber vom EuGH eindeutig als Gemeinschaftsrecht[174] und nicht als Völkerrecht ausgelegt werden.

Bis heute[175] ist keine einschlägige Rechtsprechung des EuGH in bezug auf die Europa-Abkommen der MOEL (inbegr. Bulgarien) ergangen, aber die bulgarischen Gerichte sollen diese durch die bulgarische Verfassung geschaffene Möglichkeit bei der Auslegung des EA-BG nicht ausser Acht lassen. Wenn sie zu der Auslegung des Europa-Abkommens mit der Europäischen Gemeinschaft gelangen, bietet sich die Möglichkeit, nicht ausschliesslich völkerrechtliche Gesichtspunkte anzuwenden, da dies leicht zu Widersprüchen mit der Rechtsprechung des EuGH führen kann. Deshalb wird in dieser Abhandlung die geltende Rechtsprechung des EuGH zu den Assoziierungsabkommen aufgeführt. Dabei knüpft die Judikatur des EuGH stets eng an frühere Grundsatzurteile an.[176]

173 Vgl. etwa P. Gilsdorf, aaO. (Fn. 85), Rdn. 41.

174 Vgl. die Grundsatzurteile des EuGH über den Vorrang Rs. 6/64, Costa/ENEL, Slg 1964, S. 1251, Rz. 9-13 und unmittelbare Anwendbarkeit des Gemeinschaftsrechts Rs. 26/62, van Gend & Loos, Slg. 1963, S. 1, Rz. 10: »(...), dass die Gemeinschaft eine neue Rechtsordnung des Völkerrechts darstellt (...), deren Rechtssubjekte nicht nur die Mitgliedstaaten, sondern auch die Einzelnen sind.«.

175 Die Entwicklung der europarechtlichen Literatur und der Rechtsprechung des EuGH ist in dieser Abhandlung bis Ende April 1997 in Betracht gezogen.

176 Vgl. dazu M. Schweitzer / W. Hummer, aaO. (Fn. 68), S. 107.

In der Grundsatzentscheidung DEMIREL[177] hat der EuGH nach den Massstäben der KUPFERBERG I[178]- und HAEGEMAN II[179]-Rechtsprechung die Assoziierungsabkommen gemäss Art. 238 EGV als »einen integrierten Bestandteil der Gemeinschaftsrechtsordnung«[180] verstanden. Demzufolge ist das Europa-Abkommen zwischen der EG und Bulgarien als Assoziierungsabkommen gemäss Art. 238 EGV europäisches Gemeinschaftsrecht – Teil des seit vierzig Jahren existierenden »acquis communautaire«.

Da das EA-BG nach Art. 228 Abs. 2 und Abs. 3 und Art. 238 EG-Vertrag geschlossen wurde, wird das Europa-Abkommen mit Bulgarien als Handlung der Organe der Gemeinschaft im Sinne von Art. 177 Abs. 1 lit. b EGV verstanden, und der EuGH »ist zur Vorabentscheidung über dieses Abkommen befugt«.[181]

2.4.1 Die Rechtsproblematik der unmittelbaren Anwendbarkeit einzelner Bestimmungen des Europa-Abkommens in der gemeinschaftlichen und bulgarischen Rechtsordnung

Das Europa-Abkommen verpflichtet in erster Linie die Vertragsparteien, alle allgemeinen oder besonderen Massnahmen zu treffen, um das Assoziierungsabkommen in der bulgarischen beziehungsweise innergemeinschaftlichen Rechtsordnung sicherzustellen (Art. 118 Abs. 1 EA-BG). Damit muss Bulgarien alle notwendigen gesetzgeberischen Massnahmen ergreifen, um nicht vertragsbrüchig gegen- über der EG zu werden. Diese Leistungsverpflichtung (obligation of result) soll nicht mit der späteren staatlichen Tätigkeit oder Unterlassung ausser Kraft gesetzt werden. Darauf soll der Assoziationsrat achten. Die Einzelpersonen können solche Bestimmungen des Europa-Abkommens nicht direkt anrufen, weil sie den Vertragsparteien einen beträchtlichen Ermes-

177 Rs. 12/86 vom 30. September 1987, aaO. (Fn. 88).
178 Vgl. Rs. 104/81 vom 26. Oktober 1982, aaO. (Fn. 104).
179 Vgl. Rs. 181/73, Haegeman II, Slg. 1974, S. 449.
180 Vgl. Rs. 12/86, Demirel, ebd., Rz. 7.
181 Vgl. Rs. 12/86, Demirel, ebd., Rz. 7 *in fine* und Rs. 65/77, Razanatsimba, Slg. 1977, S. 2229.

sensspielraum lassen oder blosse Leitgedanken enthalten.[182] Diese Bestimmungen des EA können aber für die mitgliedstaatlichen beziehungsweise bulgarischen Gerichte einen Auslegungsmassstab für die Rechtsakte der innerstaatlichen Organe sein.[183]

Dies bedeutet jedoch nicht, dass der staatsrechtliche Schleier nicht durchbrochen sein kann und dass einige Bestimmungen des Europa-Abkommens unmittelbare Rechte und Pflichten für die Einzelnen begründen können.[184] Der EuGH hat in der Rechtssache DEMIREL die unmittelbare Anwendbarkeit (beziehungsweise Justitiabilität) der Bestimmungen des Assoziierungsabkommens bejaht. Dabei wird anhand des »Wortlauts und im Hinblick auf den Sinn und Zweck des Abkommens« geprüft, ob eine Abkommensbestimmung »eine klare und eindeutige Verpflichtung enthält, deren Erfüllung oder deren Wirkung nicht vom Erlass eines weiteren Aktes abhängen.«.[185] Gemäss dieser »objektiven« Interpretation[186] des EuGH können bulgarische natürliche und juristische Personen sich direkt auf das Europa-Abkommen vor den Gerichten der Mitgliedstaaten berufen. Auf dem Wege des Vorabentscheidungsverfahrens nach Art. 177 Abs. 1 lit. b EGV können solche Rechtssachen letztlich vor dem EuGH hängig gemacht werden. Der EuGH wird auch für die »Anfechtungsklage« nach Art. 173 Abs. 1 Satz 4 EGV zuständig, da die Einzelnen vom Europa-Abkommen als Handlung der EG-Organe direkt betroffen sein können.[187]

Bulgarische Gerichte ihrerseits können auch einzelne Bestimmungen des Europa-Abkommens als Rechtsnormen ansehen, deren Dispo-

182 Vgl. Rs. 104/81, Kupferberg I, ebd., Rz. 17 und Rs. 12/86, Demirel, ebd., Rz. 23.

183 Vgl. Rs. 104/81, Kupferberg I, ebd., Rz. 20: »(...) [es] reicht nicht aus, jegliche Anwendung dieses Abkommens durch die Gerichte auszuschliessen.«.

184 Vgl. Rs. 104/81, Kupferberg I, ebd., Rz. 22. Vgl. auch G. Nolte, Freizügigkeit nach dem Assoziationsvertrag EWG - Türkei: Auslegungskompetenz, unmittelbare Anwendbarkeit und Familiennachzug, in: ZaöRV 1987, S. 762-769; A. Bleckmann, aaO. (Fn. 158), S. 190-202.

185 Vgl. Rs. 12/86, Demirel, ebd., Rz. 14, vgl. dazu auch Rs. 17/81, Pabst & Richarz, aaO. (Fn. 137), Rz. 27.

186 Vgl. die Unterscheidung nach der »objektiven« und »subjektiven« Theorie bei W. Hummer, Reichweite und Grenzen unmittelbarer Anwendbarkeit der Freihandelsabkommen, in: Rechtsfragen der Freihandelsabkommen der EWG mit den EFTA-Staaten, H.-G. Koppensteiner (Hrsg.), Wien 1987, insb. S. 50.

187 Vgl. Gutachten 1/75, Lokale Kosten, Slg. 1975, S. 1355, Rz. 11 u. Rz. 12.

sition subjektive Rechte und Pflichten angesichts des Vertragswillens der Parteien (»subjektive Theorie«)[188] für bulgarische natürliche oder juristische Personen oder für solche der Europäischen Union postulieren kann. Die bulgarischen Gerichte sind verpflichtet, über solche persönlichen Rechte und die Eigentumsrechte *auch* aufgrund von »self-executing«-Bestimmungen des Europa-Abkommens, da sie unmittelbar Rechte und Pflichten erzeugen und keine innerstaatliche Durchführung brauchen, zu entscheiden.[189]

Es scheint mir weniger wichtig, welche Interpretationstheorie – »objektive« oder »subjektive« – für die unmittelbare Anwendbarkeit (bzw. Justitiabilität) der Bestimmungen des Europa-Abkommens angenommen wird, da die beiden Interpretationsmethoden zu demselben Ergebnis kommen.[190] Sie untersuchen doch die Fähigkeit der Assoziierungsnormen, individuelle Rechte und Pflichten für die Einzelnen zu begründen. Der Wille der Vertragsparteien schlägt sich in den Abkommenstexten nieder, oder anders ausgedrückt, der Text des Abkommens deutet auf den Willen der Vertragsparteien hin. Deshalb wird die Absicht der Vertragsparteien aus dem Inhalt des Abkommens von den bulgarischen Gerichten ermittelt.[191] Der EuGH berücksichtigt bei der

188 Vgl. dazu Art. 31 Abs. 1 im Zusammenhang mit Abs. 4 Allgemeine Auslegungsregel, Abschnitt 3: Auslegung von Verträgen des WVÜ.

189 Vgl. V. E. Tager, Bürgerliches Recht der Volksrepublik Bulgarien, Allgemeiner Teil I, Sofia 1972, Subjektive Rechte – S. 158-168; Das subjektive Recht und das Recht auf Klage – S. 181-187, Bulgarisch.

Vgl. auch Art. 2 Abs. 1 der Bulgarischen Zivilprozessordnung vom 6. Februar 1952, in: Izvestia Nr. 12 vom 8. Februar 1952, auszugsweise deutsche Übersetzung von Ch. Jessel-Holst, in: Brunner, Georg / Schmid, Karin / Westen, Klaus (Hrsg.) Wirtschaftsrecht der Osteuropäischen Staaten (WOS) VI/2 (Loseblattsammlung), Bulgarien I 1., Baden-Baden 1994, zuletzt geändert durch Gesetz vom 6. Dezember 1996, DV Nr. 104 1996.

190 So offenbar W. Hummer, aaO. (Fn. 186), S. 51.

191 Im Sinne der »subjektiven« Theorie ist das Gutachten des StIG VI 28 im Zusammenhang mit der Jurisprudence de la Cour de Dantzig; CPJI Sér. B N° 15, 1928, in: Praxis des Völkerrechts, aaO. (Fn. 158), S. 141-142.

Bulgarien gehörte seit 4. November 1920 dem Völkerbund an. Seit 11. April 1921 ist Bulgarien dem Genfer Protokoll mit fakultativer Klausel und Statuten über den Ständigen Internationalen Gerichtshof (StIG) beigetreten, vgl. dazu K. Katzaroff, Die Rechtspflege Bulgariens, Sonderabdruck aus dem »Handbuch des Internationalen Rechts«, S. 36, Sofia 1928, und dort zitierte Rechtsquellen und Literatur.

Auslegung der Assoziierungsabkommen auch das von den Vertragsparteien gegebene Ziel und den Zweck des Abkommens.[192]

Die bulgarischen Gerichte sollen eine absichtliche Verneinung der unmittelbaren Anwendbarkeit (effet direct) aufgrund von »self-executing«-Normen des Europa-Abkommens durchaus vermeiden, da sie leicht in eine Situation des »gerichtlichen Protektionismus«[193] geraten können.[194] Sie sollen die Rechtsprechung des EuGH zu den Assoziierungsabkommen in Betracht ziehen, denn Bulgarien ist auch noch auf die Angleichung der bulgarischen Rechtsvorschriften an den Binnenmarkt durch das Europa-Abkommen[195] und das Weissbuch der Kommission[196] angewiesen.

Bei der weiteren dynamischen Entwicklung der Assoziation durch den Assoziationsrat sei es möglich, die Entscheidungen des EuGH eine direkte Anerkennung und Vollstreckbarerklärung in der bulgarischen Rechtsordnung zu erlangen. Gemäss Art. 303 Abs. 1 der bulgarischen Zivilprozessordnung[197] werden die Entscheidungen ausländischer Gerichte in der Republik Bulgarien anerkannt und vollstreckt aufgrund

192 Vgl. Rs. 12/86, Demirel, ebd., Rz. 14. Die »objektive« Theorie über die unmittelbare Anwendbarkeit einzelner Bestimmungen der Assoziierungsabkommen, die in der Auslegungsmethode des EuGH ersichtlich ist, beruht auf der Theorie der »self-execiting treaties« der amerikanischen Gerichte. Vgl. so W. Hummer, aaO. (Fn. 186), S. 51.

193 Vgl. so O. Jacot-Guillarmond, Gerichtlicher Protektionismus: Juristische Fatalität oder politische Herausforderung für den Freihandel in Europa? in: EFTA Bulletin 4/85, S. 9.

194 So hat das schweizerische Bundesgericht im Zusammenhang mit dem Abkommen zwischen der Europäischen Wirtschaftsgemeinschaft und der Schweizerischen Eidgenossenschaft vom 22. Juli 1972 (das Freihandelsabkommen – FHA, ABl. EWG 1972 Nr. L 300, S. 189 ff.) insb. Art. 23 FHA eine offene Kontroverse mit der Rechtsprechung des EuGH in der Frage der unmittelbaren Anwendbarkeit in den Urteilen »Adams« (BGE 104 IV, 175) und sog. »OMO-Fall« (BGE 105 II, 49) angelegt.

195 Vgl. Titel V Kapitel III Angleichung der Rechtsvorschriften Art. 69-71 EA-BG, ebd.

196 Vgl. das Weissbuch der Kommission, aaO. (Fn. 12), S. 20 ff. Die Angleichung der Rechtsvorschriften der MOEL an das Gemeinschaftsrecht wird stets als Aufgabe von zentraler Bedeutung der Heranführungsstrategie hervorgehoben. S. u. dazu ausführlich Ziff. 6 ff., S. 81 ff.

197 Vgl. dazu Teil XXXII »Anerkennung und Vollstreckbarerklärung von Entscheidungen ausländischer Gerichte« insb. Art. 303 Abs. 1 u. Abs. 3 der bulgarischen Zivilprozessordnung, aaO. (Fn. 189).

von zwei alternativen Tatbeständen: i) soweit ein solcher Vertrag besteht oder ii) auf der Grundlage der Gegenseitigkeit.

Leider hat der EuGH das Prinzip der Gegenseitigkeit für die Anerkennung unmittelbarer Wirkung einzelner Bestimmungen der Assoziierungsabkommen in der Rechtsache KUPFERBERG I[198] beträchtlich abgeschwächt. Da eine solche Anerkennungs- und Vollstreckungsvereinbarung im Assoziationsrat aus rechtlichen Gesichtspunkten sehr bedenklich ist,[199] bleibt dagegen eine neue vertragliche Vereinbarung zwischen der EG und Bulgarien durchaus möglich.

2.4.2 Zwischenergebnis

Im Ergebnis kann gesagt werden, dass das Europa-Abkommen zwischen der Europäischen Gemeinschaft und ihren Mitgliedstaaten und Bulgarien vom EuGH als europäisches Gemeinschaftsrecht angesehen wird und der EuGH für die Auslegung des EA-BG befugt ist.

Das Europa-Abkommen verpflichtet überwiegend die Vertragsparteien, aber einige Bestimmungen können auch unmittelbare Wirkung (effet direct) erzeugen. Die jeweilige Bestimmung soll anhand ihrer Bestimmtheit und vom Ziel und Zweck des Europa-Abkommens geprüft werden. Die einzelnen natürlichen und juristischen Personen können sich sowohl in den Mitgliedstaaten der EG als auch in Bulgarien vor den innerstaatlichen Gerichten auf solche Bestimmungen berufen, die »self-executing« sind und nicht allgemeine Programmsätze enthalten.

Bei der Anwendung des Europa-Abkommens *de lege lata* können die bulgarischen Gerichte die Rechtsprechung des EuGH als einen Auslegungsmassstab (eine integrationsfreundliche Auslegung) heranziehen. Die Entscheidungen des EuGH *de lege ferenda* – auch angesichts der fortschreitenden Rechtsangleichung – können eine Anerkennung und Sicherstellung in der bulgarischen Rechtsordnung jedoch viel weniger auf der Grundlage der Gegenseitigkeit oder im Assoziationsrat erlangen, sondern wenn zum Europa-Abkommen mit Bulgarien eine neue besondere Vereinbarung zustande kommt.

198 Vgl. Rs. 104/81, aaO. (Fn. 104), Rz. 18 *in fine*. Vgl. auch so W. Hummer, aaO. (Fn. 186), S. 83.

199 S. u. Ziff. 4 ff., S. 73 ff., insb. Ziff. 4.3, S. 77-78.

3 Inhalt und allgemeine Grundsätze des Europa-Abkommens mit Bulgarien

Das auf Art. 238 EG-Vertrag gestützte Europa-Abkommen[200] zwischen den Europäischen Gemeinschaften und ihren Mitgliedstaaten und Bulgarien, das »die Teilnahme Bulgariens an dem europäischen Integrationsprozess ermöglichen würde, womit die Beziehungen ausgebaut und erweitert werden, und letztlich die Mitgliedschaft in der Gemeinschaft anstrebt« (Präambel des EA), beinhaltet 125 Artikel. Dem Europa-Abkommen sind XVI Anhänge, 8 Protokolle sowie die Schlussakte nebst Gemeinsamen Erklärungen der Vertragsparteien beigefügt.

3.1 Politischer Dialog. Achtung der Demokratie und der Menschenrechte

Das Europa-Abkommen in Art. 2 Abs. 1 sieht einen regelmässigen politischen Dialog zwischen Bulgarien und der Europäischen Gemeinschaft vor, um die Reformen in Bulgarien zu unterstützen und eine Konvergenz der aussenpolitischen Positionen herzustellen. Zu allen Themen von beiderseitigem Interesse werden gemeinsame Treffen in den Assoziationsorganen stattfinden.[201] Damit wollte die EU nicht nur die wirtschaftliche, sondern auch die politische Verantwortung zum Ausdruck bringen.[202] Aufgrund des im EA festgeschriebenen politischen Dialogs konnten die Vertragsparteien zur Einsetzung neuer Formen der Zusammenarbeit[203] gelangen. Dadurch soll auch die Kohärenz zwischen

200 AaO. (Fn. 11), ABl. EG 1994 Nr. L 358.
201 Der politische Dialog wird auf verschiedenen Ebenen geführt, vgl. Art. 3 Abs. 2 im Assoziationsrat, Art. 4 erster Gedankenstrich im Assoziationsausschuss und Art. 5 im parlamentarischen Assoziationsausschuss, ebd.
202 Vgl. die Mitteilung der Kommission vom 27. August 1990, aaO. (Fn. 8), S. 2 und S. 7 des Anhangs.
203 Vgl. z. B. die intraregionale Zusammenarbeit zwischen den MOEL und zwischen den MOEL und der EU.

der externen Assoziierung aufgrund des Europa-Abkommens und der indirekten Assoziierung (Strukturierte Beziehungen) gestärkt werden.[204]

Gilsdorf erhebt jedoch Bedenken in bezug auf die Zweckmässigkeit der Einbeziehung des politischen Dialogs in den Assoziierungsabkommen mit den MOEL, da dies nur die Gemischtheit der Assoziierungsabkommen verfestige.[205] Jedoch sind alle bisherigen Assoziierungsabkommen nach Art. 238 EGV, auch ohne einen politischen Dialog, als gemischte Abkommen geschlossen. Die erklärte Annäherung der MOE-Länder, die in einen zukünftigen Beitritt münden soll,[206] kann ohne entsprechende Schritte auf dem politischen Gebiet nicht realisiert werden. Die Europa-Abkommen sind in allen ihren Teilen für die Vertragsparteien verbindlich und machen keinen Unterschied, welche Verpflichtungen substantiell sind und welche nicht.[207] Deshalb hat der politische Dialog auch für die dynamische Entwicklung der Beitrittsassoziation der MOEL seine bedeutende Stelle weiter inne.

Neben dem politischen Dialog anerkennt das Europa-Abkommen mit Bulgarien die Grundsätze der Demokratie und der Menschenrechte als wesentlichen Bestandteil des Abkommens.[208] Die Einhaltung dieser Grundsätze kann durch die allgemeine Nichterfüllungsklausel[209] (Art. 118 Abs. 2 EA) gesichert werden. Im Falle der Nichterfüllung (Leistungs- und Ergebnispflichten) oder Verletzung (Schutz- und Unterlassungspflichten) der Grundsätze der Demokratie und der Menschenrechte durch die Vertragsparteien können nach einem vorherigen Schlichtungsverfahren im Assoziationsrat geeignete Massnahmen ergriffen werden.

204 S. u. ausführlich Kapitel V lit. D. und die Schlussfolgerungen des Vorsitzes des Europäischen Rates in Kopenhagen, aaO. (Fn. 9), S. 14 und in Essen, aaO. (Fn. 10), Anhang IV, S. 9-11.

205 Vgl. Gilsdorf, aaO. (Fn. 18), S. 164.

206 S. o. Ziff. 2.1, S. 38 ff.

207 Anders P. Gilsdorf, ebd., S. 164.

208 Vgl. Titel II Allgemeine Grundsätze Art. 6 und fünfter Erwägungsgrund der Präambel des EA-BG, ebd.

209 Sog. »Bulgarien Klausel«, vgl. Mitteilung der Kommission über die Berücksichtigung der Wahrung der Demokratie und der Achtung der Menschenrechte in den Abkommen zwischen der Gemeinschaft und Drittländern vom 23. Mai 1995, KOM(95) 216 endg., S. 6 ff., S. 8.

Die allgemeine Fassung des Art. 6 EA-BG und seine Zuweisung im Titel II – »Allgemeine Grundsätze« des Abkommens lässt jedoch die Schlussfolgerungen zu, dass die Vertragsparteien einen gemeinsamen Menschenrechtsstandard im Europa-Abkommen sichern wollten. Deshalb ist es m. E. viel weniger gewollt, die Handelszugeständnisse bei Menschenrechtsverletzungen rückgängig zu machen und sie an feste Vertragsverpflichtungen im Europa-Abkommen zu binden.

3.2 Bestimmungen zur Errichtung der Freihandelszone und des freien Warenverkehrs

Grundlage der Assoziierung nach Art. 8 EA-BG ist die schrittweise Errichtung einer Freihandelszone, die sich mit Ausnahme der in Anhang I[210] aufgeführten Waren auf alle gewerblichen Waren und landwirtschaftlichen Erzeugnisse mit Ursprung in Bulgarien und der Gemeinschaft erstrecken muss. Für die Herstellung der Freihandelszone ist eine Übergangszeit von 10 Jahren vorgesehen, die in zwei aufeinanderfolgende Stufen von jeweils fünf Jahren gegliedert ist. Die erste Stufe fängt am 1. Februar 1995 an.[211]

Das Europa-Abkommen mit Bulgarien sieht in Art. 10 und Art. 11 in einer ungleichen Zeitfolge den Abbau der Einfuhrzölle vor und legt ein genaues Programm für den Zollabbau fest. Der im EA vorgesehene Fünfjahreszeitraum für die Abschaffung der Einfuhrzölle der EG für gewerbliche Waren[212] wurde einseitig durch die Beschlüsse des Europäischen Rates in Kopenhagen und Essen[213] zuerst auf zwei Jahre verkürzt und dann um ein weiteres Jahr reduziert. Damit geniessen die bulgarischen Industrieerzeugnisse ab dem Inkrafttreten des Abkommens – 1. Februar 1995 und nicht wie vorgesehen dem 1. Januar 1998 – freien Zugang zum EG-Markt. Dies hatte noch einen positiven Ef-

210 Dabei handelt es sich um Albumine, Baumwolle, Naturkork, Hanf und Hanfabfälle, die keine bedeutende Rolle für die bulgarischen Exporte (1.4 %) in die EU spielen, vgl. WIIW Handbook of Statistics, aaO. (Fn. 149), S. 335.

211 Vgl. Art. 7 Abs. 1 im Zusammenhang mit Art. 124 Abs. 1 Satz 2, ebd.

212 Vgl. Art. 10 Abs. 4 EA, ebd.

213 Vgl. aaO. (Fn. 9), S. 30 und aaO. (Fn. 10), S. 12.

fekt, da die Liberalisierungsprogramme für gewerbliche Waren mit Bulgarien und Rumänien an jene mit den vier Visegrad-Ländern angeglichen wurde. Demgegenüber werden die bulgarischen Einfuhrzölle zuerst gesenkt und dann nach einer längeren Zeit von neun Jahren abgeschafft.[214]

Die mengenmässigen Einfuhrbeschränkungen und die Massnahmen gleicher Wirkung der EG werden ab dem Inkrafttreten des Abkommens beseitigt. Bulgarien sollte die mengenmässigen Einfuhrbeschränkungen ab dem 1. Februar 1995 aufheben, mit Ausnahme des Einfuhrverbots für gebrauchte Wagen, das bis zur Errichtung der Freihandelszone abgeschafft werden soll.[215] Bei den Abgaben mit gleicher Wirkung wie Einfuhrzölle wurde Bulgarien auch eine längere Übergangszeit von fünf Jahren nach Anhang VIII EA-BG zugesichert. Diese Asymmetrie der Handelszugeständnisse zugunsten Bulgariens bis zum Ablauf der Übergangszeit soll die wirtschaftlichen Reformen unterstützen und ist GATT-konform.[216]

Die Ausfuhrzölle und die Abgaben gleicher Wirkung werden dagegen gleichzeitig bis zum Ende des fünften Jahres von der EG und Bulgarien abgeschafft.[217] Für die mengenmässigen Ausfuhrbeschränkungen ist wieder eine Ungleichmässigkeit zugunsten Bulgariens – die EG mit dem Inkrafttreten des Abkommens (Art. 14 Abs. 2 EA) und Bulgarien am Ende der ersten Stufe (Art. 14 Abs. 3 und Anhang IX EA) – vorgesehen. Neue Einfuhr- oder Ausfuhrzölle, Abgaben gleicher Wirkung, mengenmässige Einfuhr- oder Ausfuhrbeschränkungen oder Massnahmen gleicher Wirkung dürfen ab dem Inkrafttreten des Europa-Abkommens mit Bulgarien nicht eingeführt werden. Die Erhöhung oder die restriktive Gestaltung der bereits geltenden oder bestehenden tarifären und / oder nichttarifären Massnahmen ist verboten.[218]

Man könnte eine unmittelbare Anwendbarkeit der Bestimmungen über den freien Warenverkehr in der bulgarischen Rechtsordnung trotz der Schutzmassnahmen des Art. 31 EA-BG (sog. »safeguard clause«)

214 Vgl. Art. 11 Abs. 2 EA, ebd.
215 Vgl. Art. 11 Abs. 4 im Zusammenhang mit Anhang VII EA, ebd.
216 S. o. Kapitel V Ziff. 2.2.1, S. 42 i. f. – 43 a. A.
217 Vgl. Art. 14 Abs. 1 EA, ebd.
218 Vgl. Art. 26 Abs. 1 u. Abs. 2 EA, ebd.

behaupten,[219] es sei denn, dass Art. 29 Abs. 1 EA befristete Ausnahmeregelungen in Form höherer Zollsätze für Bulgarien nicht erlaubte. Diese Regelungen sind aber nur gerechtfertigt, wenn sie junge Industrien oder bestimmte bulgarische Wirtschaftszweige in Umstrukturierung oder mit ernsten Schwierigkeiten betreffen.[220] Bulgarien muss diese Ausnahmeregelung restriktiv anwenden, um nicht vertragsbrüchig zu werden. Dagegen bleibt das allgemeine Verbot für die Einführung neuer Einfuhrzölle nach Art. 26 Abs.1 EA weiter bestehen. Demzufolge soll den Einzelnen die Möglichkeit zuerkannt werden, sich auf die eindeutige und konkrete Bestimmung des Art. 11 Abs. 1 EA im Zusammenhang mit Art. 26 Abs. 1 EA und *argumentum e contrario* von Art. 29 Abs. 1 EA-BG für die Waren in Anhang IV vor den bulgarischen Gerichten gegen neue Einfuhrzölle zu berufen. *Argumentum a fortiori* soll unmittelbare Anwendbarkeit der Bestimmungen, die die Beseitigung der bulgarischen mengenmässigen Einfuhr- und Ausfuhrbeschränkungen oder Massnahmen gleicher Wirkung für Waren, mit Ausnahmen derjenigen, die in den Anhängen VII, VIII und IX aufgeführt sind, vorsehen, zuerkannt werden, da sie noch stärkere handelsverzerrende Wirkung als die Zölle haben und nicht in der Ausnahmeregelung des Art. 29 Abs. 1 EA-BG erwähnt sind. Nichts spricht dagegen, dass diese Bestimmungen sofort unmittelbare Anwendbarkeit (effet direct) in der gemeinschaftlichen Rechtsordnung entfalten können, da im Europa-Abkommen mit Bulgarien für die Gemeinschaft keine solchen Ausnahmeregelungen vorgesehen sind.

Die Massnahmen oder Praktiken interner steuerlicher Art, die unmittelbar oder mittelbar die Waren der anderen Vertragspartei benachteiligen, sind ebenfalls verboten. Angesichts der ständigen Rechtsprechung des EuGH[221] und des eindeutig festgelegten Ziels des Art. 27

219 S. o. Ziff. 2.4.1, S. 50ff.

220 Art. 29 Abs. 1 EA ist somit *lex specialis* gegenüber Art. 26 Abs. 1 EA und soll nur eine eingeengte Anwendung finden.

221 Zuletzt bestätigt durch die Rs. C-469/93, Chiquita Italia Spa, in: RIW 1996, S. 166ff., Tz. 63.
Das führende Argument des EuGH ist nicht die Ähnlichkeit mit Art. 95 EG-Vertrag, sondern vielmehr der eindeutige Inhalt einer Standstill-Klausel gegen eine unmittelbare oder mittelbare Benachteiligung der anderen Vertragspartei.
Vgl. auch G. Nolte, aaO. (Fn. 184), S. 764.

Abs. 1 EA-BG (eine klare und konkrete Standstill-Klausel) soll auch diesen Bestimmungen des Europa-Abkommens eine unmittelbare Wirkung zugesprochen werden.

Für die sofortige unmittelbare Wirkung (effet direct) dieser Bestimmungen des EA mit Bulgarien spricht auch die Tatsache, dass der Assoziationsrat keine Durchführungsvorschriften erlassen muss.[222]

3.3 Landwirtschaft, Textilwaren und EGKS-Erzeugnisse

Das Europa-Abkommen legt nunmehr eine bilaterale Präferenzbehandlung der MOE-Länder im Agrarsektor – im Unterschied zu anfänglichen einseitigen Massnahmen der Gemeinschaft[223] – fest. Es sieht eine weitere progressive Abschaffung der nichtspezifischen mengenmässigen Einfuhrbeschränkungen für landwirtschaftliche Erzeugnisse mit Ursprung in Bulgarien[224] vor. Die Vertragsparteien konnten sich am Anfang jedoch nicht auf die vollständige Liberalisierung des Handels im Agrarsektor einigen. Für eine umfangreiche Gruppe landwirtschaftlicher Erzeugnisse mit Ursprung in Bulgarien ist nur eine Senkung der Einfuhrzölle und der Abschöpfungen im Rahmen der Gemeinschaftszollkontingente festgelegt. Weiter ist die Konsolidierung der Zölle und die Umwandlung der nichttarifären Handelshemmnisse in Zölle oder zollähnliche Handelsmassnahmen wie Quoten oder Kontingente, die durch die Notifizierung des Vergabeverfahrens transparenter wirken, beabsichtigt (Art. 21 Abs. 3 und Abs. 4 EA-BG).[225]

222 Im Unterschied zum Assoziierungsabkommen mit der Türkei (ABl. EWG 1964 Nr. L 217), wo die Herstellung des freien Warenverkehrs von weiteren zeitbefristeten Durchführungsmassnahmen des Assoziationsrates abhängig gemacht war.

223 S. o. Kapitel IV Ziff. 2, S. 18 ff. u. insb. Verordnung 2727/90 (EWG) des Rates, aaO. (Fn. 63), Art. 1.

224 Vgl. Art. 21 Abs. 1 EA, ebd.

225 Vgl. dazu auch Art. 21 Abs. 2 im Zusammenhang mit Anhang XI.
Jedoch blieb der Handel mit den bedeutenden bulgarischen landwirtschaftlichen Erzeugnissen (20 % der bulgarischen Exporte für 1995) durch Einfuhrquoten der EG weitgehend beschränkt. Vgl. so WIIW Handbook of Statistics, aaO. (Fn. 149), S. 334.
Vgl. auch Anhang XIIIa zum Art. 21 Abs. 4 EA.

Der Handel mit Textilwaren, EGKS-Erzeugnissen und landwirtschaftlichen Verarbeitungserzeugnissen ist durch Protokolle geregelt, die besondere Liberalisierungspläne im Unterschied zum Europa-Abkommen enthalten.[226]

Da die Handelsliberalisierung durch die Europa-Abkommen im Agrarsektor ungenügend war, hat die EG weitere autonome Liberalisierungsmassnahmen eingeleitet.[227] Die Gemeinschaft konnte jedoch nicht ihre autonomen Regelungen auf Art. 238 EGV stützen, da er nur die Rechtsgrundlage für den Abschluss der Assoziierungsabkommen bietet. Ungeachtet, dass die autonomen Massnahmen spezifische Instrumente der Agrarpolitik waren, wurden sie angesichts ihres handelspolitischen Ziels[228] auf Art. 113 EGV gestützt.[229]

Trotz der Gefahr für die Handelspolitik der Gemeinschaft gegenüber MOE-Ländern wieder in die Zweischichtigkeit zu geraten,[230] will die EU einerseits mit den autonomen Liberalisierungsmassnahmen auf

226 Vgl. so Europa-Abkommen mit Bulgarien – Protokoll Nr. 1 über den Handel mit Textilwaren; Protokoll Nr. 2 über die EGKS-Erzeugnisse und Protokoll Nr. 3 über die landwirtschaftlichen Verarbeitungserzeugnisse.

227 Vgl. etwa Verordnung (EG) Nr. 3066/95 des Rates vom 22. Dezember 1995 über Zugeständnisse in Form von gemeinschaftlichen Zollkontingenten für bestimmte landwirtschaftliche Erzeugnisse und zur autonomen und befristeten Anpassung bestimmter in den Europa-Abkommen vorgesehener Zugeständnisse für landwirtschaftliche Erzeugnisse, um dem im Rahmen der multilateralen Handelsverhandlungen der Uruguay-Runde geschlossenen Übereinkommen über die Landwirtschaft Rechnung zu tragen, ABl. EG 1995 Nr. L 328; Verordnung (EG) Nr. 3063/95 des Rates vom 22. Dezember 1995 zur Verlängerung der Massnahmen nach Anhang II der Verordnung (EG) Nr. 1767/95 über bestimmte Zugeständnisse in Form von Gemeinschaftszollkontingenten für bestimmte landwirtschaftliche Erzeugnisse, einschliesslich Verarbeitungserzeugnisse, zugunsten einiger Staaten in Mittel- und Osteuropa, ABl. EG 1995 Nr. L 328; auch so Verordnung (EG) Nr. 1194/96 des Rates vom 27. Juni 1996, ABl. EG 1996 Nr. L 161; oder die Verordnung (EG) Nr. 3054/95 des Rates vom 22. Dezember 1995 über die Einfuhr bestimmter EGKS- und EG-Stahlerzeugnisse aus bestimmten Drittländern in die EG, ABl. EG 1995 Nr. L 325.

228 So etwa die Erhöhung der Gemeinschaftszollkontingente für landwirtschaftliche Produkte; Anwendung allgemeiner Zollpräferenzen.

229 Vgl. dazu P. Gilsdorf, aaO. (Fn. 29), S. 18.
Die autonomen Massnahmen der EG werden als handelspolitische Instrumente nach Art. 113 EGV oder als agrarpolitische Instrumente (spezifische Instrumente der Agrarpolitik) nach Art. 43 EGV gestützt.

230 S. o. Kapitel IV Ziff. 2, S. 18-19 und Ziff. 2.1, S. 20.

die sich dynamisch verändernde Wirtschaftslage in den MOEL reagieren.[231] Auf der anderen Seite stellt man Beispiele geringer Ausnutzung der Einfuhrquoten der EG von Bulgarien sowie von den anderen MOEL fest.[232] Dies hängt damit zusammen, dass einerseits die bulgarischen Firmen höhere EG-Einfuhrquoten beantragen und andererseits die bulgarischen Produzenten eine schwache Angebotspalette haben.

Es sollte auch das in den WTO-Verhandlungen geschlossene Übereinkommen über Landwirtschaft berücksichtigt werden. So Art. 4 Abs. 2 des Übereinkommens postuliert nunmehr das Prinzip der generellen Tarifizierung. Es soll in Zukunft als Schutzmassnahme bei den ausländischen Einfuhren nur noch Zölle und andere tarifäre Handelshemmnisse – wie Kontingente oder Quoten, die nicht nach Art und Menge greifen – angewandt werden. Die Zölle nach Art. 4 Abs. 1 sollen innerhalb von sechs Jahren in den Listen der Vertragsparteien durchschnittlich um 36 %, jedoch mindestens um 15 % pro einzelnes Produkt (Tariflinie) gesenkt werden.[233]

Die Europa-Abkommen mit den MOEL haben schon vor dem Abschluss der WTO-Verhandlungen mit der Tarifizierung und Senkung der Zölle angefangen[234] und nun sollten weitere Anpassungen stattfinden.[235] Nunmehr hat die Liberalisierung des Handels zwischen der EU

231 Die MOEL wiesen im Durchschnitt eine Zuwachsrate von 4.5 % für 1996 auf. Jedoch wird für 1997 eine Senkung um 0.5 % vorausgesehen. So UBS-Economic Research, Switzerland, January 1996, S. 16.

232 Vgl. M. Lasarova, Die Quoten für Textilexporte in die EU werden nicht voll ausgeschöpft, in: Wirtschaftsblatt Nr. 11 1995, S. 28. Auch so U. Möbius, aaO. (Fn. 68), S. 151; A. Inotai, aaO. (Fn. 61), S. 31.

Dabei hat Bulgarien 67 % der Quoten für 1994 direkt in Anspruch genommen. Dagegen haben z.B. Ungarn nur 30 % und Polen 42 % der Quoten beantragt. Quelle: Dienststellen der Kommission, in: Auf dem Weg zu einer grösseren wirtschaftlichen Integration, EU-Kommission (Hrsg.), S. 11.

233 Vgl. das Übereinkommen über die Landwirtschaft, in: Schweizerische Botschaft zur Genehmigung der GATT/WTO-Übereinkommen (Uruguay-Runde), (GATT-Botschaft 1), aaO. (Fn. 145), Anhang II. 1A.3, S. 474 ff.

234 Vgl. so Agence Europe N° 1914, Europe Documents vom 7. Dezember 1994, S. 5-8.

235 So mit den Zusatzprotokollen II, III und IV zum Europa-Abkommen mit Bulgarien wurden in verkürzten Zeitabschnitten Zollsenkungen vorgenommen:

- Die Reduzierung der Einfuhrzölle für landwirtschaftliche Erzeugnisse wurde um sechs Monate vorgezogen.

und Bulgarien mit sensiblen landwirtschaftlichen Produkten 80 % erreicht, und der Freihandel mit landwirtschaftlichen Verarbeitungsprodukten ist vollständig verwirklicht.[236]

Gegenwärtig läuft auch die Endphase der Vervollständigung der diagonalen Kumulierung der Ursprungsregeln (eine Art paneuropäischer Ursprungsregeln) zwischen EU-/EFTA-/MOEL.

3.4 Freizügigkeit der Arbeitnehmer, Niederlassungs- und Dienstleistungsrecht

Die Europa-Abkommen in Anlehnung an das Gemeinschaftsrecht beinhalten im Titel IV (Art. 38-58 EA-BG)[237] Vorschriften über die Freizügigkeit der Arbeitnehmer, das Niederlassungs- und Dienstleistungsrecht.

Im Bereich der Freizügigkeit der Arbeitnehmer wird vom Inkrafttreten des Abkommens an bulgarischen Staatsangehörigen eine Behandlung gewährt, die nicht weniger günstig als die Behandlung der EU-Staatsangehörigen ist.[238] Der vorgesehene Grundsatz der Inländerbehandlung geht über das Diskriminierungsverbot[239] hinaus und sieht eine Gleichstellung der bulgarischen und der EU-Arbeitnehmer hinsichtlich der Arbeitsbedingungen, der Entlohnung oder Entlassung vor. Das EA beschränkt sich jedoch nur auf die Freizügigkeit solcher Arbeitnehmer, die bereits eine gesicherte Beschäftigung nach dem nationalen Recht und damit einen gesicherten Aufenthalt in einem Mitglied-

- Die Einfuhrzölle für Textilwaren werden binnen fünf und nicht wie ursprünglich vorgesehen binnen sechs Jahren aufgehoben.
- Die Einfuhrzölle für Stahl sollen innerhalb drei und nicht vier Jahren abgeschafft werden.
- Für die Waren, die sich im passiven Veredelungsverkehr befinden, wurde ein Zollsatz null vereinbart.

236 Information von den Kommissionsstellen.

237 Vgl. Titel IV, Die Freizügigkeit der Arbeitnehmer, Niederlassungs- und Dienstleistungsrecht – Kapitel I, Freizügigkeit der Arbeitnehmer; Kapitel II, Das Niederlassungsrecht; Kapitel III, Dienstleistungsverkehr EA-BG, ebd.

238 Vgl. Art. 45 Abs. 1 im Zusammenhang mit Art. 38 Abs. 1 EA, ebd.

239 Das Diskriminierungsverbot verbietet lediglich die Benachteiligung zwischen den Parteien, aber sieht keine Gleichstellung vor.

staat haben. Diese Art von Inländerbehandlung dehnt sich auf die engeren Familienmitglieder – Ehegatten und Kinder – aus.[240] Die bulgarischen Arbeitnehmer sind auch angesichts der sozialen Sicherheit gleichgestellt.

Arbeitnehmerfreizügigkeit ist in erster Linie auch die Freiheit der EU-Arbeitgeber, bulgarische Arbeitnehmer zu Bedingungen einzustellen, die über Kollektivverträge hinausgehen. Dementgegen können die bulgarischen Arbeitskräfte sich nicht frei bewegen, um eine angebotene Stelle anzunehmen. Diese zwei wechselwirkenden Faktoren – Angebot und Annahme – klaffen damit auseinander. Die Annahme einer angebotenen Stelle von bulgarischen Arbeitskräften wird an die einzelstaatlichen Voraussetzungen geknüpft.[241]

Die Rahmenvorschriften des Assoziierungsabkommens mit Bulgarien im Bereich der Freizügigkeit der Arbeitnehmer geben keine Indizien, damit man eine unmittelbare Wirkung behaupten kann.[242] Diese Bestimmungen begründen vielmehr eine positive Verpflichtung für die Vertragsparteien, damit sie die Inländerbehandlung in ihren jeweiligen

240 Vgl. Art. 38 Abs. 1 EA, ebd.

241 Vgl. etwa Paragraph 1 der österreichischen Bundeshöchstzahlüberziehungsverordnung (BHZÜV) und durch die Verordnung, ö. BGBl. Nr. 763/95, für 1996 festgesetzte Bundeshöstzahlen ausländischer Arbeitskräfte.

242 Die europarechtliche Literatur hat sich überwiegend mit der Assoziationsfreizügigkeit der türkischen Arbeitnehmer auseinandergesetzt. Nichts hindert daran, dass dort gewonnene Erkenntnisse auch bei der rechtswissenschaftlichen Forschung der Assoziierung der MOEL im ganzen und der Freizügigkeit der Arbeitnehmer im besonderen genutzt werden können.

Siehe dazu H. Krück, aaO. (Fn. 85), S. 289 ff.; K. Hailbronner, aaO. (Fn. 85), S. 54 ff.; G. Nolte, aaO. (Fn. 184), S. 755 ff.; C. Rumpf, Freizügigkeit der Arbeitnehmer und Assoziation EG-Türkei, RIW 1993, S. 214 ff.; ders., Die Zollunion EU-Türkei, RIW 1997, S. 46 ff. Vgl. auch dazu W. Gärtner, Zu Inhalt und unmittelbarer Anwendbarkeit der Europa-Abkommen der EG mit den ostmitteleuropäischen Staaten, ROW 1993, S. 332 ff.

Der EuGH hat auch an seine vorhergegangene Judikatur im Bereich der Assoziationsfreizügigkeit geknüpft. Die restriktive Auslegung der Assoziationsfreizügigkeit wurde weiter durch die Entscheidung des EuGH in der Rechtssache »Bozkurt« – Rs. C-434/93 vom 6. Juni 1995, EuZW 1995, S. 672 ff., vgl. insb. der Tenor des Gerichts und Tz. 31 u. Tz. 39, über das implizite Verbleiberecht der türkischen Arbeitnehmer – verdeutlicht. Vgl. ebd. die kurze Besprechung von R. Voss, S. 676. Damit ging die Freizügigkeit nach dem Assoziationsrecht von der Unionsfreizügigkeit nach Art. 48 ff. EG-Vertrag weiter auseinander.

Rechtsordnungen sicherstellen und keine neuen diskriminierenden gesetzgeberischen Massnahmen ergreifen.[243] Das EA sieht auch eine Evolutionsklausel[244] vor, die dem Assoziationsrat die Möglichkeit gibt, zur inhaltlichen Verbesserung und zeitlichen Verkürzung der Errichtung der Freizügigkeit der bulgarischen Arbeitnehmer, jedoch unter Berücksichtigung der Beschäftigungssituation in der EU, zu gelangen. Wie weit der Assoziationsrat bei dieser Durchführung gehen wird und ob seine Beschlüsse über die Assoziationsfreizügigkeit aufgrund des Europa-Abkommens mit Bulgarien dieselbe Rechtsqualität wie beim Türkeiabkommen erlangen wird, ist abzuwarten.[245]

Die Rahmenbestimmungen des Europa-Abkommens mit Bulgarien schreiben den Grundsatz der Inländerbehandlung auch für das Niederlassungsrecht fest. Die uneingeschränkte Geltung der Inländerbehandlung ist aber ausgeblieben, da die bulgarische Verfassung den Erwerb von Grundstücken durch ausländische juristische oder natürliche Personen verbietet. Es ist nur die Pacht möglich.[246] Der Erwerb von Wohngebäuden durch Ausländer ist dagegen durch den Kauf des Bebaungsrechts möglich.[247]

Mit der noch restriktiveren Änderung des Art. 5 Abs. 2 des »Gesetzes über die Wirtschaftstätigkeit ausländischer Personen und über den Schutz ausländischer Investitionen«[248] können die Gesellschaften mit ausländischer Minderheitsbeteiligung nun auch kein Eigentum an landwirtschaftlichen Boden erwerben.

Die Inländerbehandlung wird auch im öffentlichen Auftragswesen uneingeschränkt in allen Wirtschaftszweigen gelten.[249] Ab dem Inkraft-

243 Vgl. Art. 45 Abs. 4 und Art. 46 Abs. 1 EA, ebd.

244 Vgl. Art. 43 EA, ebd.

245 S. u. Ziff. 4, S. 73 ff. über die möglichen Rechtsschranken gegen eine extensive Ausdehnung der Assoziation i. e. S. durch die Beschlüsse des Assoziationsrates.

246 Vgl. Art. 22 BGV, aaO. (Fn. 128) und die Anhänge XVc und XVd zum Europa-Abkommen mit Bulgarien.

247 Vgl. H.-D. Kuschel, Die Niederlassungsfreiheit für Unternehmen der Europäischen Gemeinschaft in den Europa-Abkommen der EG mit Bulgarien und Rumänien, EuZW 1993, S. 442 ff., insb. S. 444.

248 Vgl. Gesetz vom 16. Januar 1992, Darzaven Vestnik Nr. 8 1992, deutsche Übersetzung, in: WOS 22. Lieferung 1995, geändert durch Gesetz vom 28. November 1996, DV Nr. 109 vom 27. Dezember 1996.

249 Vgl. Art. 68 EA, ebd.

treten des Abkommens wurde den bulgarischen Gesellschaften freien Zugang zu den Vergabeverfahren in der Gemeinschaft nach dem EG-Recht gewährt. Die bulgarischen Gesellschaften sind nunmehr unter gleichen Bedingungen wie die Gesellschaften der EG gestellt. Diese hinreichend eindeutige Verpflichtung – Gewährung von freiem Zugang zu den Vergabeverfahren im öffentlichen Auftragswesen kraft Gemeinschaftsrecht – braucht keine weitere innerstaatliche legislative oder administrative Konkretisierung. Die interessierten bulgarischen Gesellschaften können direkt die Bestimmungen des Europa-Abkommens mit Bulgarien in Betracht ziehen. Diese Vorschrift zeigt, dass nicht nur klare und eindeutige Standstill-Klauseln (gleich Verschlechterungsverbot) des EA-BG eine unmittelbare Wirkung haben können, sondern auch eine weiterreichende Ermächtigungsklausel des Europa-Abkommens von den Einzelnen vor den Gerichten geltend gemacht werden kann. Solche Möglichkeiten sollen fallbezogen ermittelt werden.

Demgegenüber wird die Inländerbehandlung im Dienstleistungsverkehr nur als Ziel angestrebt.[250]

Die Inländerbehandlung kann durch die »*ordre public*«-Klausel in Art. 36 EA[251] eingeschränkt werden, die jedoch nicht für die Rechtfertigung wirtschaftlicher Schwierigkeiten der Vertragsparteien in Anspruch genommen werden kann. Dazu kommen die Übergangsfristen, die eine schrittweise Einführung der Inländerbehandlung vorsehen.[252]

250 Vgl. Art. 56 Abs. 1 EA, ebd.

251 Er sieht einen Vorbehalt aus Gründen der öffentlichen Ordnung, Sicherheit oder Gesundheit und darüber hinaus auch zum Schutz des Kulturguts von künstlerischem, geschichtlichem oder archäologischem Wert oder zum Schutz des gewerblichen oder kommerziellen Eigentums vor.

252 Z. B. für neue Niederlassungen in Bulgarien. Vgl. Anhang XVb des Europa-Abkommens, ebd.

3.5 Wettbewerbsbestimmungen und Zahlungs- und Kapitalverkehr Angleichung der Rechtsvorschriften

Das Europa-Abkommen erlegt Bulgarien im Bereich des Wettbewerbsrechts als primäres Ziel die Angleichung der Wettbewerbsregeln an das Gemeinschaftsrecht auf. Selbst das EA sieht eine negative Aufzählung der wettbewerbsverzerrenden Praktiken[253] vor, um dadurch entstehende Preisunterschiede zwischen den Produkten der Vertragsparteien zu vermeiden, da in dem Fall die EG sich aufgefordert sehen kann, Dumpingausgleichsmassnahmen oder Schutzklauseln gegenüber Bulgarien anzuwenden.[254]

Durch eine strengere bulgarische Wettbewerbsgesetzgebung[255] und die Vorschriften des EA gegen den unlauteren Wettbewerb wird eine Absicherung des freien Warenaustauschs in der Freihandelszone EG-Bulgarien gesucht. Dieselben Gründe haben die Vertragsparteien veranlasst, den Grundsatz der Transparenz der staatlichen Beihilfen im Assoziationsabkommen festzuschreiben.[256]

Der freie Kapitalverkehr ist im EA-BG als angestrebtes Ziel der Vertragsparteien vorgesehen, das schrittweise erreicht wird. Sie verpflichten sich ab dem Inkrafttreten des Abkommens, dass die Zahlungen im

253 Vgl. Art. 64 EA, der dem Muster der Artikel 85, 86 und 92 EG-Vertrag nachgebildet ist.

254 So Art. 30 u. Art. 31 EA-BG, ebd.

255 Bulgarien hat im Jahr 1991 ein neues Gesetz zum Schutz des Wettbewerbs (DV Nr. 39 1991, deutsche Übersetzung in: WOS 7. Lieferung 1992, zuletzt geändert durch Gesetz vom 26. Juni 1992, DV Nr. 53 1992) verabschiedet. Das Gesetz sieht auch eine Aufsichtsbehörde – Kommission zum Schutz des Wettbewerbs (KSW) – nach Art. 18 vor.

256 Es wurden von der EU-Kommission die Umsetzungsmassnahmen des Art. 64 Abs. 1 Ziff. i) u. ii) und Abs. 2 (vgl. SCD 96/09 A/0398 in: KOM(95) 528 end.) behandelt und ein darauffolgender Beschluss des Assoziationsrates wird erwartet (so doc. UE-BG 1909/1/96 REV 1). Vgl. auch etwa der Beschluss des Assoziationsrates mit der Tschechischen Republik über Art. 64 EU-CZ, in: ABl. EG 1996 Nr. L 31.

Es wird auch versucht, die Zuständigkeit der Wettbewerbsbehörden der Vertragsparteien abzugrenzen und zu präzisieren. So begründet Art. 1 des Entwurfs die Zuständigkeit der EU-Kommission und der bulgarischen Kommission zum Schutz des Wettbewerbs nach dem Auswirkungsprinzip und nicht nach dem Territorialprinzip.

Rahmen des grenzüberschreitenden Waren-, Dienstleistungs- und Personenverkehrs in frei konvertierbarer Wärung abgerechnet werden.[257]

Darüber hinaus sieht das Abkommen in Art. 65 Abs. 3 EA einen freien Finanztransfer in konvertierbarer Währung für die Direktinvestitionen einschliesslich der Kapital- und Gewinnrückführung vor. In dem Sinne kann das Europa-Abkommen als eine Investitionsschutzvereinbarung angesehen werden.[258] So verbietet diese Vorschrift alle restriktiven Massnahmen gegen die Repatriierung der investierten oder reinvestierten Beträge. Angesichts des Wortlauts und im Hinblick auf den Sinn und Zweck des Abkommens kann dieser Artikel unmittelbare Rechte den Einzelnen verleihen. Damit können sich die Einzelnen auf diese Vorschrift unmittelbar berufen und sie gegen die Verletzungen der ihnen zugesprochenen Investitionsschutzrechte vor den bulgarischen bzw. mitgliedstaatlichen Gerichten geltend machen.[259] Diese klare und eindeutige Bestimmung (Art. 65 Abs. 3) des Europa-Abkommens mit Bulgarien kann im Zusammenhang mit Art. 7 und Art. 8 des bulgarischen Gesetzes über die Wirtschaftstätigkeit ausländischer Personen und über den Schutz ausländischer Investitionen[260] ausgelegt

257 Vgl. Art. 60 EA, ebd.

258 Vgl. auch Art. 74 EA, der die Rahmenbedingungen über die Investitionsförderung und den Investitionsschutz beinhaltet.

259 S. o. auch Ziff. 2.4.1, S. 50ff.

260 Vgl. das Gesetz, aaO. (Fn. 248). Das Gesetz wird gern als eine bulgarische Antwort auf die fortschreitende Integration Bulgariens an die Europäische Union angesehen.
Artikel 7 Priorität der internationalen Verträge: »Wenn ein internationaler Vertrag, den die Republik Bulgarien unterzeichnet hat, günstigere Bedingungen für die Ausübung von Wirtschaftstätigkeit durch ausländische Personen vorsieht, so werden gemäss diesem internationalen Vertrag die günstigeren Bedingungen angewandt.«
Artikel 8 Nachfolgende Gesetzänderungen – alte Fassung: »Eine rechtmässig ausgeübte Wirtschaftstätigkeit und rechtmässig vorgenommene Investitionen werden von nachfolgenden normativen Beschränkungen nicht betroffen. Diese Bestimmung gilt auch für Tätigkeiten und Rechte, die gemäss diesem Gesetz vorausgehenden Normativakten begonnen bzw. erworben wurden.«
Vgl. zu der alten Fassung des Gesetzs S. Stalev, aaO. (Fn. 169), S. 450.
Die neue Fassung des Art. 8 sieht nur für die neu gemachten Investitionen und die alten über 50 000 US-$ eine zehnjährige Schutzfrist *ex nunc* vor. Diese Bestimmung schützt die alten Investitionen unter 50 000 US-$ trotz des Verbots des Art. 8 (alte Fassung) jedoch nicht. Die Frage stellt sich nun, wer hat Interesse an einer solchen gesetzgeberischen Unsicherheit?

werden. Das Gesetz folgt dem von der bulgarischen Verfassung festgeschriebenen Gebot über den Vorrang des Völkerrechts gegenüber dem Landesrecht[261] und detailliert die Wirkung dieses Gebots im Bereich der Wirtschaftstätigkeit[262] ausländischer Personen. Der bulgarische Gesetzgeber eröffnet hiermit bewusst die Möglichkeit für eine vorrangige unmittelbare Anwendbarkeit der entsprechend günstigen Vorschrift des Europa-Abkommens.

Die bulgarische Rechtspraxis kann in dem Zusammenhang einen Präzedenzfall schaffen. Mit den restriktiven Änderungen des Gesetzes über die Wirtschaftstätigkeit ausländischer Personen und über den Schutz ausländischer Investitionen vom November 1996 und der Einführung eines Schwellenwerts von 50 000 US-$, damit eine ausländische Investition als solche angesehen wird,[263] wurden diejenigen Investoren von der Berechtigung ausgeschlossen, ihre unter dem Schwellenwert gemachten Investitionen oder ihre Gewinne zu repatriieren. Damit ist der bulgarische Gesetzgeber nunmehr in offener Kollision mit Art. 65 Abs. 3 des Europa-Abkommens zwischen der EG und Bulgarien gekommen.[264] Die Rechtswege bleiben trotzdem nicht verschlossen. Aufgrund des Vorrangs und der unmittelbaren Anwendbarkeit (effet direct) einzelner Bestimmungen des EA können die EU-Kleininvestoren[265] sich vor den zuständigen bulgarischen Gerichten direkt auf Art. 65 Abs. 3

261 S. o. Ziff. 2.3.1, S. 44 f.

262 So Art. 3 Abs. 1 des Gesetzes, ebd. versteht unter der Wirtschaftstätigkeit auch direkte und indirekte Investitionen ausländischer Personen.

263 Vgl. Art. 9 Abs. 1, neue Fassung vom 28. November 1996, aaO. (Fn. 248).

264 Diese Änderungen wurden von der Volksversammlung zweimal angenommen – vgl. so Art. 101 Abs. 2 BGV. Der Präsident hat von seinem Aufschiebenden Veto nach Art. 101 Abs. 1 BGV gegen das Gesetz zur Änderung und Ergänzung des Gesetzes über die Wirtschaftstätigkeit ausländischer Personen und über den Schutz ausländischer Investitionen Gebrauch gemacht.

265 Über 6 800 ausländische Investoren sind damit betroffen, vgl. etwa Z »24 Stunden« vom 29. November 1996.

Es ist kein Zufall, dass Bulgarien einen geringen Umfang an Auslandsdirektinvestitionen – in Höhe (in Mio. US-$) oder pro-Kopf – verglichen mit den zehn assoziierten Ländern verzeichnet. Quelle: UN/ECE. Vgl. auch Bericht der Kommission an den Rat und das Europäische Parlament über die Durchführung der Finanzhilfen für Drittländer von 8. Januar 1997, KOM(96) 295 endg., S. 20.

EA berufen, um ihre Repatriierungsrechte für die investierten oder reinvestierten Beträge geltend zu machen. Dies kann ein möglicher Ausweg von der legislativen Unsicherheit sein.[266]

Was die Rechtsangleichung betrifft, hat das Europa-Abkommen Bulgarien eine Bemühungsklausel[267] auferlegt, um dessen Gesetzgebung mit dem Gemeinschaftsrecht zu vereinbaren.[268] Das im EA vorgesehene Ziel wurde durch eine ausservertragliche Evolutionsklausel (das Weissbuch der Kommission)[269], die einen »autonomen Nachvollzug« der binnenmarktrelevanten Vorschriften vorsieht, in den Mittelpunkt der Heranführungsstrategie gestellt.[270]

3.6 Wirtschaftliche und kulturelle Zusammenarbeit

Zusammen mit dem politischen Dialog sollte die kulturelle Zusammenarbeit[271] die neue gesamteuropäische Dimension der Assoziierungsabkommen mit den mittel- und osteuropäischen Ländern verfestigen. Die Europäische Union wollte damit den gemeinsamen Grundzügen der europäischen Kultur Rechnung tragen. In der europarechtlichen Literatur wurde dies jedoch als ein weiterer Grund für die Gemischtheit der Assoziierungsabkommen kritisiert.[272]

266 Fraglich ist jedoch, wie man das Gesetz über die Wirtschaftstätigkeit ausländischer Personen und über den Schutz ausländischer Investitionen (Foreign Persons Economic Activity and Foreign Investment Protection Act) in seiner neuen Fassung als »full compatible« mit den entsprechenden Bereichen des Weissbuchs der Kommission im bulgarischen Arbeitsprogramm angeben konnte. Vgl. Bulgaria Second Progress Report September 1996 February 1997.

267 Vgl. Art. 69 EA, ebd.

268 S. u. Ziff. 6.1.1, S. 83 unten.

269 Vgl. aaO. (Fn. 12).

270 Vgl. die Schlussfolgerungen des Vorsitzes des Europäischen Rates in Essen, aaO. (Fn. 10), S. 13. Die Übernahme der Binnenmarktregelungen als ein wesentlicher Bestandteil der Heranführungsstrategie.

271 Vgl. Art. 98 EA, ebd.

272 S. o. Ziff. 3.1, S. 56 und dortige Fn. 205.

Die wirtschaftliche Zusammenarbeit erstreckt sich auf alle Bereiche von gemeinsamem Interesse wie Industrie und industrielle Normen[273], Investitionsschutz und -förderung, Bildung und Ausbildung, Wissenschaft und Technik, Landwirtschaft, Energie und atomare Sicherheit, Umwelt- und Gewässerschutz, Verkehr, Fernmelde- und Postwesen, Rundfunk und Fernsehen, Banken, Versicherungen, andere Finanzdienstleistungen und Rechnungsprüfung, Geldwäsche, Regionalentwicklung, soziale Fragen, Fremdenverkehr, kleine und mittlere Unternehmen, Information und Kommunikation, Zoll, Statistik, Wirtschaftswissenschaften, öffentliche Verwaltung und Drogenbekämpfung.[274] Diese Rahmenbedingungen sollen Bulgarien helfen, bis zum Ende der Übergangszeit die gesamte Volkswirtschaft umzustrukturieren und wettbewerbsfähig zu machen.

3.7 Die Organe des Europa-Abkommens

Das Europa-Abkommen sieht drei Organe vor – einen Assoziationsrat, einen Assoziationsausschuss und einen Parlamentarischen Assoziationsausschuss.

Der Assoziationsrat besteht aus Mitgliedern der bulgarischen Regierung einerseits und Mitgliedern des Rates und der Kommission der EG andererseits[275] und tritt mindestens einmal im Jahr zusammen. Er überwacht die Durchführung des Abkommens im ganzen, hat jedoch

273 Die Kommission hat diesem Bereich des Europa-Abkommens besondere Aufmerksamkeit geschenkt. Die industrielle Zusammenarbeit dient einerseits dem Zweck, die Volkswirtschaften der MOEL im Hinblick auf deren Beitritt in die EU zu stärken und bietet andererseits den Vorteil einer grösseren Präsenz der EU-Industrie auf den osteuropäischen Märkten. Vgl. so die Mitteilung der Kommission an den Rat und das Europäische Parlament über die industrielle Zusammenarbeit mit den Ländern Mittel- und Osteuropas, vom 14. März 1995, KOM(95) 71 endg.

274 Vgl. Titel VI des Europa-Abkommens mit Bulgarien, ebd.

275 Die Gemischtheit des Europa-Abkommens schliesst jedoch nicht zwingend die Beteiligung der Mitgliedstaaten im institutionellen Gefüge des Abkommens ein. Die EG-Mitgliedstaaten übertragen dem Rat die gemeinsame Haltung in den Assoziationsorgane für die Bereiche, wo sie originäre Sachkompetenzen nach dem EG-Vertrag haben, vgl. so S. Richter, aaO. (Fn. 28), S. 151. Vgl. auch dazu Kapitel V Ziff. 1.2, S. 30-31 und S. 32 a. A.

keine allgemeinen Beschlussfassungsbefugnisse.[276] Die Beschlüsse des Assoziationsrates werden einstimmig getroffen und sind für die Vertragsparteien verbindlich. Er kann ausserdem durch Beschlüsse Streitfragen schlichten. Wenn dies nicht möglich ist, kann ein Schiedsgericht bestellt werden.[277] Die Vertragsparteien sind verpflichtet, die Schiedssprüche in ihrem jeweiligen Zuständigkeitsbereich umzusetzen.

Mit dem Beschluss 1/95[278] hat sich der Assoziationsrat nach dem Europa-Abkommen mit Bulgarien die Geschäftsordnung gegeben. Die Arbeit des Assoziationsrates wird von einem Assoziationsausschuss und mehreren Sonderausschüssen oder Arbeitsgruppen unterstützt. Der Assoziationsausschuss ist auf der Ebene hoher Beamter des Ministerrates der EU und der Kommission einerseits und zuständiger bulgarischer Botschafter bei der EU andererseits eingesetzt.[279]

Ausserdem ist ein Parlamentarischer Assoziationsausschuss von den Abgeordneten des bulgarischen und des Europäischen Parlaments vorgesehen, der eine beratende Funktion hat. Er kann an den Assoziationsrat zweckdienliche Empfehlungen richten.[280]

276 Vgl. Art. 107 EA, ebd.

277 Vgl. Art. 108 EA, ebd.

278 Beschluss 1/95 aufgrund der Ratssitzung vom 29. Mai 1995, doc UE-BG 1902/95, ABl. EG 1995 Nr. L 255.

Ausserdem sind drei weitere Assoziationsratsbeschlüsse ergangen, die die Doppelkontrolle für Stahlprodukte behandeln:
Beschluss 2/95 vom 22. Dezember 1995, ABl. EG 1995 Nr. L 325; Beschluss 3/95 vom 20. Dezember 1995, ABl. EG 1995 Nr. L 325; Beschluss 1/96 vom 17. Dezember 1996, noch nicht im Amtsblatt veröffentlicht.

In Verhandlung stehen Beschlüsse über die Abschaffung der Beschränkungen für Schrotprodukte, Wettbewerbsfragen und die Angleichung der Ursprungsregeln.

279 Vgl. Art. 109 u. Art. 110 EA, ebd.

280 Vgl. so Art. 113 EA, ebd.

4 Weiterentwicklung der Assoziation aufgrund des Europa-Abkommens

In Titel IV Kapitel I »Freizügigkeit der Arbeitnehmer«; Kapitel II »Niederlassungsrecht«; Kapitel III »Dienstleistungsverkehr« und Titel V Kapitel I »Laufende Zahlungen und Kapitalverkehr« und Kapitel II »Wettbewerb und sonstige wirtschaftliche Bestimmungen« des Europa-Abkommmens wurden bereits Einzelheiten vorgesehen, wobei dem Assoziationsrat jeweils die entsprechenden Durchführungsbefugnisse dieser Bestimmungen eingeräumt wurden. Somit ist der Assoziationsrat befugt, die Assoziation zwischen Bulgarien und der Europäischen Union durch die Einsetzung eines »sekundären Assoziationsrechts« weiterzuentwickeln.[281]

Es stellt sich folglich die Frage, was für eine Rechtsnatur und welche Wirkung die Rechtsakte der Assoziationsorgane in den Rechtsordnungen der Vertragsparteien haben und wie weit sie die Assoziierung entwickeln können.

4.1 Das sekundäre Assoziationsrecht in der bulgarischen Rechtsordnung

Für Bulgarien soll diese Rechtsfrage nach der bulgarischen Verfassung (Art. 5 Abs. 4) über das Verhältnis Völkerrecht – Landesrecht beantwortet werden.[282] Die Beschlüsse des Assoziationsrates sind die gewünschten Übereinkünfte in den eingesetzten bilateralen Organen des Europa-Abkommens. Auf einer paritätischen Basis werden die Rahmenbestimmungen, Bemühungs- und Evolutionsklauseln des Europa-Abkommens

281 In dem Sinne P. Gilsdorf, aaO. (Fn. 135), S. 20.
Unter »sekundärem« Assoziationsrecht wird jeder Rechtsakt der Assoziationsorgane verstanden, der aufgrund des Europa-Abkommens (primäres Assoziationsrecht) ergeht. Vgl. so P. Gilsdorf, aaO. (Fn. 85), Rdn. 48 und S. Richter, aaO. (Fn. 28), S. 150.

282 Vgl. ausführlich dazu Ziff. 2.3 ff., S. 43 ff.

präzisiert und die Modalitäten für ihre konkrete Umsetzung beschlossen. Was über die unmittelbare Anwendbarkeit (effet direct) der Bestimmungen des primären Assoziationsrecht gesagt wurde,[283] soll auch für das sekundäre Assoziaziationsrecht gelten. Vor den bulgarischen Gerichten können die Beschlüsse des Assoziationsrates geltend gemacht werden, wenn die Disposition dieser Normen subjektive Rechte für die Einzelnen begründen. Dies soll in jeden einzelnen Fall ermittelt werden.

Der Programmcharakter der Rahmenbestimmungen des EA, die die Rechtsgrundlage der Assoziationsratsbeschlüsse sein können, ist keine zwingende Voraussetzung für ein fehlendes »effet direct« des abgeleiteten sekundären Assoziationsrechts. Der Regelfall soll m. E. umgekehrt sein. Die Wahrscheinlichkeit, dass eine unmittelbare Anwendbarkeit der Ratsbeschlüsse zuerkannt wird, erhöht sich dadurch, dass die Materie noch einmal in den paritätischen Fachorganen des Abkommens behandelt und konkretisiert wird. Somit werden angesichts des Ziels und Zwecks des EA die Abkommensvorschriften präzisiert und nach den gegebenen Möglichkeiten sogar weiterentwickelt.[284]

Soll dadurch ein neues »Supraassoziierungsrecht« von den Fachorganen des Assoziierungsabkommens geschaffen werden, kann dies aus bulgarischer Sicht gewisse Rechtsprobleme bereiten. Aufgrund des Ratifikationsaktes des Parlaments ist nun die bulgarische Regierung ermächtigt, die Durchführung der Abkommensvorschriften im Assoziationsrat zu sichern. Ob der Ratifikationsakt für die bulgarische Regierung ausser einer exekutiven noch eine legislative Ermächtigung einschliesst, ist fraglich. Es soll m. E. nach der Natur der Sache des jeweiligen Assoziationsratsbeschlusses geprüft werden,[285] ob die gesetz-

283 S. o. Ziff. 2.4.1, S. 50 ff.

284 Vgl. so Art. 42 Abs. 1 u. Abs. 2 EA im Hinblick auf den Zugang zur Beschäftigung oder zur Berufsausbildung bulgarischer Arbeitnehmer in den EU-Mitgliedstaaten. Auch so Art. 47 EA angesichts der gegenseitigen Anerkennung der Befähigungsnachweise.

285 Die Frage stellt sich z. B. im Wettbewerbsbereich, s. o. Fn. 256 über den Beschluss des Assoziationsrates zur Umsetzung des Art. 64 Abs. 1 Ziff. i) u. ii) und Abs. 2 – noch nicht in Kraft.

Die Disposition des Art. 1 (Allgemeiner Grundsatz) des Entwurfs enthält klare und eindeutige Regelungen über den fairen Wettbewerb. Man kann durchaus eine unmittelbare Anwendbarkeit dieser Bestimmung behaupten, da die Einzelnen sich geberische Gewalt des bulgarischen Parlaments[286] tangiert wird oder ob sie lediglich Durchführungsbestimmungen beinhalten, die von der Regierung in der bulgarischen Rechtsordnung sichergestellt werden müssen.

Damit sind wir bei der eventuellen Weiterentwicklung der Assoziation durch die Beschlüsse des Assoziationsrates an die Schranken des Demokratieprinzips und der Gewaltentteilung nach der bulgarischen Verfassung[287] gelangt, es sei denn, dass das bulgarische Parlament die ergangenen Assoziationsratsbeschlüsse nicht ausdrücklich ratifiziert. Dies würde die eventuelle Überschreitung von legislativen Kompetenzen seitens der Exekutive nachträglich bereinigen.

Was die praktischen Interessen Bulgariens angeht, wird eine weitere Entpolitisierung der Arbeit des Assoziationsrates zugute kommen. Dies wird die Möglichkeit geben, die jeweiligen Sachbereiche auf einer fachlich-technischen Ebene in den Arbeitsgruppen des Assoziationsrates zu behandeln.

4.2 Das sekundäre Assoziationsrecht in der gemeinschaftlichen und mitgliedstaatlichen Rechtsordnung

Der einschlägigen Rechtsprechung des EuGH zufolge sind die Beschlüsse des Assoziationsrates wie die Assoziierungsabkommen selbst »(...) von ihrem Inkrafttreten an integrierter Bestandteil der Gemeinschaftsrechtsordnung«[288]. Die Beschlüsse entfalten ihre Wirkung in den Rechtsordnungen der Mitgliedstaaten ohne jeglichen Transformationsakt. Der

gegen jegliche Wetttbewerbsverzerrungen ohne weiteres aufgrund dieser Bestimmungen wehren können.

Bis jetzt ergangene Assoziationsratsbeschlüsse wurden nicht vom bulgarischen Parlament ratifiziert, da sie nur Teilbereiche (Stahlsektor) vorsahen, die als Durchführungskompetenzen der Regierung verstanden wurden. S. o. auch Fn. 278.

286 Vgl. Art. 62 BGV, aaO. (Fn. 128), Anhang. Die Volksversammlung hat kraft der bulgarischen Verfassung eine ausschliessliche Gesetzgebungsgewalt.

287 So Art. 1 Abs. 2 und Art. 8 BGV, ebd.

288 Vgl. Rs. 30/88, Griechenland/Kommission (auch als Sonderhilfe Türkei bekannt), Slg. 1989, S. 3711, Rz. 13.

EuGH stützt sich auf den unmittelbaren Zusammenhang zwischen den Abkommensvorschriften und den Assoziationsratsbeschlüssen.

Was die Frage unmittelbarer Anwendbarkeit der Assoziationsratsbeschlussvorschriften anbelangt, hat ihnen der EuGH im Fall SEVINCE[289] sowie im Fall DEMIREL[290] eine unmittelbare Anwendbarkeit anhand der hinreichenden Bestimmtheit der Beschlussvorschriften zugesprochen.[291] Folglich hängt die Justitiabilität der Beschlüsse von ihrem vom Assoziationsrat bestimmten Inhalt ab. Die Bedeutung des sekundären Assoziationsrechts wurde vom EuGH auch in einer anderen Richtung verdeutlicht. Die Rechtsakte der Assoziationsorgane, wenn sie auch keine Rechte für die Einzelnen begründen können,[292] müssen von den mitgliedstaatlichen Gerichten bei der Auslegung des Assoziierungsabkommens als ein Prüfungsmassstab herangezogen werden.[293]

Wenn es nicht um blosse Durchführungsbeschlüsse, sondern um die Weiterentwicklung der Assoziation durch die Schaffung eines »Supraassoziierungsrechts« im Assoziationsrat geht, um den verkündeten Beitrittszielen gerecht zu werden, stellt sich erneut die Frage,[294] ob die EU-Organe dazu berechtigt sind. Der EG-Vertrag beinhaltet eine solche Ermächtigungsklausel nicht. Angesichts der Einzelermächtigung der Organe kann nicht behauptet werden, dass Art. 238 EGV auch eine »Kompetenz-Kompetenz-Norm« sein kann. Darüber hinaus kann die Zustimmungsbefugnis des Europäischen Parlaments im Zusammenhang mit dem primären Assoziationsrecht nicht weiter auf die Beschlüsse des Assoziationsrates transponiert werden. Weder Art. 228 Abs. 2 zweiter Satz und Abs. 3 zweiter Unterabs. im Zusammenhang mit Art. 238 EG-Vertrag noch das Mitentscheidungsverfahren nach Art. 189b EGV und das Verfahren zur Zusammenarbeit nach Art. 189c EGV sehen eine solche ausdrückliche Ermächtigung für das EP vor. Somit können sich

289 Vgl. Rs. C-192/89, Sevince, aaO. (Fn. 101), insb. Rz. 15 und Rz. 21 u. Rz. 22.

290 Vgl. Rs. 12/86, Demirel, aaO. (Fn. 88), Rz. 14.

291 Diese Rechtsprechung des EuGH wurde auch in der Rechtsache KAZIM KUS (Rs. C-237/91, Kazim Kus, Slg. 1992, S. I-6781) durchaus bestätigt, vgl. so Rz. 9.

292 Dies sollen im Europa-Abkommen mit Bulgarien die Rahmenbeschlüsse des Assoziationsrates und die unverbindlichen Empfehlungen sein.

293 Vgl. auch Rs. C-188/91, Deutsche Schell, Urteil vom 21. Januar 1993, noch nicht in der amtl. Slg. veröffentlicht, Rz. 18.

294 S. o. Ziff. 4.1, S. 74 unten.

der Ministerrat und die Kommission auf einer »supragemeinschaftlichen« Ebene der notwendigen Zustimmung des Europäischen Parlaments entziehen. Unter der Bewahrung des Grundsatzes des institutionellen Gleichgewichts zwischen den EU-Organen[295] und durch das Ausschliessen des EP kann die Weiterentwicklung der Assoziation in den Assoziationsorganen nicht ohne ernste rechtliche Bedenken aus der Sicht des Gemeinschaftsrechts geschehen.

Die EU-Mitgliedstaaten werden auch nicht bereit sein, neues Assoziationsrecht mitzutragen und dabei zur weiteren Übertragung von Hoheitsrechten an den Assoziationsrat zu gelangen.[296]

4.3 Ergebnis

Alles spricht dafür, dass für die Vorantreibung der Assoziation in den Assoziationsorganen (insbesondere im Assoziationsrat) ein rechtlicher Riegel geschoben ist. Die fehlende ausdrückliche Ermächtigung seitens der Gemeinschaft kann nicht in den Assoziationsorganen vermutet werden. Implizite Lückenschliessungskompetenzen für den Assoziationsrat sind im Europa-Abkommen nicht vorgesehen. Eine weitere schöpferische Ausdehnung der Assoziation ist auch nicht *a priori* von der bulgarischen Verfassung gedeckt.

Diese systematischen Überlegungen lassen sich weiter bei der Betrachtung des Abkommens zwischen den EFTA-Staaten und Bulgarien,[297] das einen gewissen Parallelismus mit dem Europa-Abkommen hinsichtlich der Errichtung der Freihandelszone vorsieht,[298] verdeut-

295 Vgl. dazu M. Schweitzer / W. Hummer, aaO. (Fn. 68), S. 231 ff.

296 Vgl. insb. die Entscheidung des deutschen Bundesverfassungsgerichts über die Europäische Union und das Grundgesetz, BVerfG, Urt. v. 12. 10. 1993, NJW 1993, S. 3047 ff., insb. Teil II, Ziff. 3, lit. b.

297 Vgl. Abkommen zwischen EFTA-Staaten und der Republik Bulgarien (EFTA-Abkommen) vom 29. März 1993, im Bundesblatt der Schweizerischen Eidgenossenschaft - BBl. 1994 I 34, S. 885 ff.

298 So der erste Erwägungsgrund des Verständigungsprotokolls betreffend das Abkommen zwischen den EFTA-Staaten und der Republik Bulgarien vom 29. März 1993, BBl. 1994 I 34, S. 904 ff.

lichen. So ist in der dortigen allgemeinen Evolutionsklausel[299] die Möglichkeit vorgegeben, das Abkommen auf neue Bereiche auszudehnen. Dem Gemischten Ausschuss ist lediglich die prozessuale Vorbereitung übertragen. Die eigentliche Weiterentwicklung muss aufgrund von Verhandlungen zwischen den Vertragsparteien erfolgen. Die neuen sachlichen Vereinbarungen, die aus den Verhandlungen hervorgegangen sind, bedürfen noch der Ratifizierung durch die jeweiligen Vertragsparteien, um ihre Wirkung in den innerstaatlichen Rechtsordnungen zu entfalten.[300] Somit sind die rechtlichen Schranken einer weiteren Vorantreibung des Abkommens noch deutlicher gezogen.[301] Der Handelspielraum für den Gemischten Ausschuss und für die Vertragsparteien ist im Abkommen klar definiert. Für den Einbezug neuer Sachbereiche brauchen sie eine ausdrückliche Ermächtigung.

Da das Europa-Abkommen mit Bulgarien im »Schnittpunkt« von Gemeinschaftsrecht und Völkerrecht steht,[302] sollen die bulgarischen Gerichte, wenn es zur Auslegung der Abkommensvorschriften käme, die Rechtsprechung des EuGH auch über die Auslegung der Assoziationsratsbeschlüsse in Betracht ziehen. Dem EuGH zufolge sind die Beschlussvorschriften sowie die Abkommensvorschriften geeignet, unmittelbare Wirkung (effet direct) zu erzeugen. Was für die bulgarischen Gerichte noch von Bedeutung sein soll, ist die Tatsache, dass auch ohne effet direct die Assoziationsratsbeschlüsse bei der Auslegung des Abkommens herangezogen werden müssen.

299 Vgl. Art. 29 EFTA-Abkommen, ebd.
300 Vgl. so Art. 29 Abs. 2 EFTA-Abkommen, ebd.
301 Nicht zuletzt wegen der Rechtsnatur von EFTA (European Free Trade Association).
302 S. o. dazu Ziff. 2.4, S. 49 oben.

5. Bewertung der Assoziation aufgrund der Europa-Abkommen

Die Assoziierungsabkommen mit den mittel- und osteuropäischen Ländern sind mit dem Ziel geschlossen, alle Sachbereiche des EG-Vertrages im Hinblick auf den angestrebten Beitritt zur Europäischen Union einzubeziehen. Dies wird zum einen aufgrund von Übergangsregelungen asymmetrisch und schrittweise in den Rechtsordnungen der MOE-Länder sichergestellt. Zum anderen wird mit der Hilfe der vorgesehenen Institutionen eine Konkretisierung und Weiterentwicklung der Assoziation gesucht. Und wenn der erste Mechanismus eher statisch wirken kann, sollen dagegen die Assoziationsorgane dynamisch die Assoziation gestalten können.

Die Einschliessung und die Regelung der EG-Sachbereiche in den Europa-Abkommen erfüllten formell die Kriterien der Definition und der Rechtsprechung des EuGH über die Assoziierung i. e. S. nach Art. 238 EG-Vertrag. Die Europa-Abkommen tragen zu einer Liberalisierung des gesamten Handels zwischen den MOEL und der EU bei und haben vermeidbare negative Auswirkungen auf die Wirtschaftsbeziehungen mit Drittländern. Die Freihandelszone aufgrund des Europa-Abkommens mit Bulgarien berücksichtigt die Grundsätze des GATT-Systems.

Angesichts dieses allgemeinen Assoziierungsvorhabens lassen sich jedoch die Rechtsprobleme im Hinblick auf das Europa-Abkommen mit Bulgarien folgendermassen zusammenfassen:[303]

303 Was hier über das Europa-Abkommen mit Bulgarien gesagt wird, soll auch für die übrigen Europa-Abkommen der MOEL gelten, da die hiergenannten Rechtsprobleme strukturell bedingt sind. Alle Europa-Abkommen wurden nach einem gleichen Muster im materiellen und institutionellen Bereich ausgehandelt. Vgl. auch so die Mitteilung der Kommission über das Allgemeine Schema für Assoziierungsabkommen mit den Ländern in Mittel- und Osteuropa, aaO. (Fn. 8), S. 4.

i) Die gewollte starke Anbindung Bulgariens an die Europäische Union ist in den materiellen Vorschriften des Europa-Abkommens ausgeblieben.

   - Die Abkommensbestimmungen sehen für die Verwirklichung des freien Warenverkehrs lediglich eine Freihandelszone und keine Zollunion und noch weniger eine Wirtschaftsunion vor;
   - Die eingeräumten Handelszugeständnisse waren ungenügend, und die Gemeinschaft musste weitere autonome Massnahmen ergreifen;
   - Die Regelungen über die anderen drei Grundfreiheiten des EG-Vertrags – der freie Personen-, Dienstleistungs- und Kapitalverkehr – sind im Europa-Abkommen mit Bulgarien überwiegend in Ansätzen geblieben;
   - Das störungsfreie Funktionieren des Abkommens kann durch zahlreiche Schutzklauseln und Ausnahmeregelungen gehemmt werden;
   - Die Übergangsfristen waren auf eine langen Zeit angelegt und sollten mit zusätzlichen Vereinbarungen verkürzt werden;
   - Die Ergebnisse der neuen GATT-Verhandlungen verlangten Nachbesserungen im Europa-Abkommen.

ii) Dementgegen sollten die Assoziierungsorgane die Kompetenzen haben, die Assoziierung zielgerecht voranzutreiben.
   - Gegen eine solche extensive Weitergestaltung der Assoziation im institutionellen Bereich, wie oben ausgeführt wurde, sind ernste rechtliche Bedenken zu erheben.
   - Die Praxis der Assoziationsorgane *de lege lata* und die Traktanden im Verhandlungsdossier des Assoziationsrates lassen keine anderen logischen Schlussfolgerungen zu.

Folglich sind wenige markante Fortschritte für die Assoziation in den Assoziationsorganen zu erwarten.

6 Die ausservertragliche Entwicklung der Assoziation

Die schwache materielle Tragweite der Abkommensvorschriften einerseits[304] und rechtliche Schranken einer dynamischen Fortschreitung der Assoziation in den Assoziationsorganen andererseits[305] haben m. E. die Europäische Union und die MOEL veranlasst, sich auf eine weitere ausservertragliche Entwicklung der Assoziation zu stützen, um den bevorstehenden Beitritt vorzubereiten.[306] Darüber hinaus sind die institutionellen Mechanismen der Europa-Abkommen für eine durchaus detaillierte Übernahme des gemeinschaftlichen Besitzstandes noch weniger geeignet. Damit sind die MOEL auf einen »autonomen Nachvollzug« angewiesen.

Was für eine rechtliche Dynamik solches Vorgehen haben kann, wird in den folgenden Ausführungen zunächst in materieller und dann in institutioneller Hinsicht untersucht.

6.1 Das Weissbuch als eine ausservertragliche Evolutionsklausel zu den Europa-Abkommen

Nach Konsultationen mit den MOEL wurde zu den bestehenden Europa-Abkommen ein WEISSBUCH von der EU-Kommission[307] ausgearbeitet, das zur Vorbereitung dieser Länder auf die Mitgliedschaft in der Europäischen Union helfen sollte. Es wurde vom Europäischen Rat in Cannes bestätigt.[308] Die volle Übernahme des »acquis commu-

304 S. o. Ziff. 3 ff., S. 55 ff.

305 S. o. Ziff. 4 ff., S. 73 ff.

306 S. o. Ziff. 2.1 über die Beitrittsassoziierung, S. 38 ff.

307 Vgl. Weissbuch über die Vorbereitung der assoziierten Staaten Mittel- und Osteuropas auf die Integration in den Binnenmarkt der Union, aaO. (Fn. 12), S. 1a ff.

308 Vgl. die Schlussfolgerungen des Vorsitzes des Europäischen Rates in Cannes vom 26./27. Juni 1995, Vorbereitung der assoziierten Staaten Mittel- und Osteuropas auf die Integration in den Binnenmarkt der Union, EU-Nachrichten, Dokumente Nr. 6 1995, S. 23-25.

nautaire« kann sich jedoch nach dem endgültigen Beitritt ereignen. Deshalb wurde die Vorbereitung der MOEL auf die Integration in den Binnenmarkt als Kernbereich[309] der EU konzentriert.[310]

Das Weissbuch legt die notwendigen Schritte dar, die die assoziierten MOE-Länder unternehmen sollen, damit sie sowohl das primäre als auch das abgeleitete Binnenmarktrecht in ihren innerstaatlichen Rechtsordnungen sichern können. Dabei wird kein Zeitplan festgelegt.

Der Binnenmarkt der Union geht über die vier Grundfreiheiten hinaus und schliesst einen offenen und fairen Wettbewerb, einen sozialen Mindeststandard, einen höheren Verbraucherschutz und einen angemessenen Umweltschutz ein.

Für die technische Unterstützung der Vorhaben des Weissbuchs wurde unter der Verwaltung der Kommission ein Amt für den Informationsaustausch über die technische Hilfe (TAIEX)[311] in Brüssel ins Leben gerufen, das als Anlaufstelle für fachliche Beratung und einschlägige Informationen über Rechtsvorschriften und Umsetzungsstrukturen dient.[312] Es wird von einem länderübergreifenden PHARE-Programm verwaltet.[313]

6.1.1 Rechtscharakter der Empfehlungen des Weissbuchs

Das Weissbuch der Kommission sieht keine bindenden Bestimmungen vor. Es ist lediglich ein allgemeines Referenzdokument, das die MOEL mit den entsprechenden Rechtsvorschriften, Strukturen und allgemeinen wirtschaftlichen Voraussetzungen, die für das Funktionieren des Binnenmarkts unabdingbar sind, vertraut machen soll. Die MOEL sind

309 Vgl. Art. 2 a. A. und Art. 3 lit. c im Zusammenhang mit Art. 7a Abs. 1 EG-Vertrag.

310 Vgl. so die Schlussfolgerungen des Vorsitzes des Europäischen Rates in Essen, Anhang IV, aaO. (Fn. 10), S. 11: »Die Vorbereitung auf den Binnenmarkt muss im Mittelpunkt der Strategie zur Vorbereitung des Beitritts stehen.«.

311 Technical Assistance Information Exchange Office.

312 Vgl. Report on the Activities of the Technical Assistance Information Exchange Office for the Year 1996, European Commission, Sec(97) 506, vgl. auch The TAIEX Letter N° 10 February 1997 and N° 11 March 1997.

313 Vgl. das Weissbuch der Kommission, S. 35-36, ebd.

selbst angesichts ihrer eigenen Prioritäten für die Angleichung an das Binnenmarktrecht verantwortlich.[314] Sie können durch einen »autonomen Nachvollzug« die Binnenmarktrechtsvorschriften in den innerstaatlichen Rechtsordnungen sichern. Dafür brauchen die MOEL einen eigenen innerstaatlichen Rechtsakt, der nur die von dem Weissbuch vorgegebenen allgemeinen Kriterien befolgen soll. Er regelt dagegen selbst die innerstaatlichen Sachbereiche angesichts der herrschenden politischen und wirtschaftlichen Verhältnisse. Damit hängt der »autonome Nachvollzug« der Binnenmarktrechtsvorschriften von den einzelstaatlichen Gesetzgebungsprogrammen ab. Darüber hinaus bietet er einen höhen Grad an Flexibilität für die MOEL bei der Angleichung an die Binnenmarktregeln. Dazu ist der Aufbau von durchgreifenden administrativen, rechtlichen und technischen Strukturen in den MOEL unentbehrlich.

In den Europa-Abkommen wurde auch eine Bemühungsklausel[315] vorgesehen, die die schrittweise Annäherung der Rechtsvorschriften der MOEL an das Gemeinschaftsrecht einleiten soll. Es ist jedoch rechtlich sehr bedenklich, ob eine Bemühungsklausel den Vertragsparteien feste Verpflichtungen auferlegen kann, damit bei ihrer Nichterfüllung von der anderen Vertragspartei Gegenmassnahmen ergriffen werden können.[316]

Sowohl die Abkommensvorschriften über die Annäherung der Rechtsvorschriften als auch die Empfehlungen des Weissbuchs stützen sich auf den »guten Willen« der legislativen und exekutiven innerstaatlichen Organe der MOEL. Die Empfehlungen des Weissbuchs werden nur dann durchgreifen, wenn dies von den einzelnen MOE-Staaten gewünscht ist. Dabei spiegeln sich die Empfehlungen des Weissbuchs in den einschlägigen staatlichen Arbeitsprogrammen wider.[317] Wenn sie Abweichungen von den Empfehlungen des Weissbuchs beabsichtigen, soll dies hinreichend begründet sein, um das Vertrauen der Europäischen Union in ihre Verlässlichkeit nicht zu verlieren. Obwohl das

314 Vgl. das Weissbuch der Kommission, S. 1a, ebd.
315 Vgl. Art. 69 EA-BG, ebd.
316 Vgl. so Art. 118 EA-BG, ebd.
317 S. u. Ziff. 6.2.1, S. 88f.

Weissbuch ein einseitiges Referenzdokument der Kommission gegenüber den MOEL ist, wird das Vertrauensprinzip eine massgebende Rechtsgrundlage für die Beurteilung der einzelstaatlichen Umsetzungsmassnahmen sein.

6.1.2 In materieller Hinsicht

Das Weissbuch der Kommission soll eine ausführliche Darstellung von Ziel, Zweck und Struktur des Gemeinschaftsrechts im Binnenmarktbereich geben. Das Weissbuch beschränkt sich auf das »Binnenmarkt-acquis«.[318] Es enthält alle für das Funktionieren des Binnenmarktes wesentlichen Vorschriften, ohne jedoch die Binnenmarktbereiche nach Prioritäten zu ordnen. Sie sind in 23 Bereiche unterteilt und sehen folgende Gebiete vor:
Freier Kapitalverkehr; freier Warenverkehr und Sicherheit von Industrieerzeugnissen; Wettbewerb; Sozialpolitik; Landwirtschaft; Verkehr; audiovisuelle Dienste; Telekommunikation; Umwelt; direkte Steuern; Freizügigkeit der Personen; öffentliches Auftragswesen; Finanzdienstleistungen; Datenschutz; Gesellschaftsrecht; Rechnungswesen; Zivilrecht; gegenseitige Anerkennung beruflicher Befähigungsnachweise; geistiges Eigentum; Energie; Zölle und Abgaben; indirekte Steuern und Verbraucherschutz.[319]

Für jeden dieser Teilbereiche schlägt die Kommission eine logische Abfolge für die Rechtsangleichung und eine Zusammenfassung der notwendigen Voraussetzungen für eine erfolgreiche Umsetzung der betreffenden Vorschriften vor.[320] Diese zwei Elemente sollen als Anhaltspunkte für die MOEL bei der Ausarbeitung ihrer eigenen Strategien (Binnenmarkt-Arbeitsprogramme der MOEL) dienen.

318 Vgl. das Weissbuch der Kommission, S. 17, ebd.
319 Vgl. Weissbuch der Kommission – Annex, KOM(95) 163 endg. / 2, S. 1 ff.
320 Vgl. das Weissbuch der Kommission, S. 20, ebd.

6.1.3 Reihenfolge der Annäherungsschritte

Im Hinblick auf die grösstmögliche Effektivität des Weissbuchs hat die Kommission in jedem einzelnen Bereich die »zentralen Massnahmen«[321] gegenüber den übrigen einschlägigen Bestimmungen hervorgehoben.[322] Sie wurden weiter in zwei Dringlichkeitsstufen - die Stufe I (höchste Priorität) und die Stufe II (zweite Priorität) eingeteilt.[323] Die Zuordnung von den Massnahmen zur Stufe I erfolgte in der Regel alternativ anhand folgender Kriterien:

- Die betreffenden Massnahmen bilden den allgemeinen Rahmen für detaillierte Rechtsvorschriften;
- Die Massnahmen betreffen Grundprinzipien oder schaffen grundlegende Verfahren für den betreffenden Sektor;
- Massnahmen, die eine Voraussetzung für das tatsächliche Funktionieren des Binnenmarkts in einem bestimmten Sektor bilden.[324]

In einigen Bereichen können die Massnahmen der Stufe I auch solche Massnahmen einschliessen, deren Umsetzung nach Auffassung der Kommission besonders viel Zeit erfordert.[325]

6.1.4 In institutioneller Hinsicht

Die mechanische Adoption der Binnenmarktrechtsvorschriften von den MOEL wird jedoch keine ausreichende Kompatibilität schaffen. Die beabsichtigten innerstaatlichen Vorschriften müssen hinreichend um-

321 Vgl. das Weissbuch der Kommission, S. 20, ebd.

322 Z. B. sind im Gesellschaftsrecht die Massnahmen für die Schaffung günstiger Wirtschaftsbedingungen für Unternehmen von zentraler Bedeutung.
Dagegen handelt es sich bei den Vorschriften über die Spaltung von Aktiengesellschaften nicht um eine zentrale Massnahme.
Vgl. Weissbuch der Kommission, Annex, S. 310.

323 Vgl. Weissbuch der Kommission, Annex, S. 1i, ebd.

324 Vgl. Weissbuch der Kommission, S. 20-21, ebd.

325 Z. B. sind im Bereich des freien Kapitalverkehrs die langfristigen Kapitalbewegungen, jeweils unter Berücksichtigung der Besonderheiten der Wirtschaft und des Finanzsystems, als Massnahmen in Stufe I eingestuft. Vgl. Weissbuch der Kommission, Annex, S. 4.

und durchgesetzt werden. Deshalb beschreibt das Weissbuch der Kommission in den einzelnen Binnenmarktbereichen die einschlägigen mitgliedstaatlichen oder gemeinschaftlichen Strukturen,[326] von denen die effektive Anwendung des »Binnenmarkt-acquis« abhängt.[327] Zu diesen Strukturen zählen:

- Kontroll-, Aufsichts- und Regulierungsbehörden, die im Namen öffentlicher Institutionen tätig sind (z. B. Behörden, die die Zahlungsfähigkeit von Versicherungen oder die täglichen Geschäfte von Kreditinstituten überwachen);
- Einrichtungen, die die Einhaltung technischer Regelungen oder Normen überprüfen (z. B. Prüflabors, Zertifizierungsstellen);
- Stellen, die den freien Warenverkehr überwachen (z. B. Inspektionsbüros für Veterinär- und Pflanzenschutzkontrollen oder Gewerbeaufsichtsämter);
- Technische Einrichtungen oder Berufsverbände, die für die Festlegung detaillierter Standards oder Normen zuständig sind (z. B. nationale Normenausschüsse);
- Repräsentative Organisationen, die über die Einhaltung der Rechtsvorschriften wachen (z. B. Verbraucher-, Arbeitnehmer-, Berufs- oder Wirtschaftsverbände);
- Gerichtliche oder nachgeordnete Instanzen mit Durchführungsbefugnissen (z. B. besondere Gerichte oder Bürgerbeauftragte).[328]

Die Verwaltungs- und Gerichtsinstitutionen der MOEL müssen die Binnenmarktvorschriften in den innerstaatlichen Rechtsordnungen tatsächlich sichern, damit sie von den Bürgern in Anspruch genommen werden können.[329]

326 Das Gemeinschaftsrecht wird im Regelfall von den mitgliedstaatlichen Institutionen unmittelbar umgesetzt. Die Mitgliedstaaten verfügen über ein vollendendes Verwaltungssystem. Dagegen liegt der Vollzug des Wettbewerbsrechts nach Art. 85 EG-Vertrag fast ausschliesslich in der Zuständigkeit der Kommission. Dies stellt jedoch den Ausnahmefall dar und kommt nur dann zur Anwendung, wenn die Gemeinschaftsorgane ausdrücklich ermächtigt sind. Vgl. M. Schweitzer / W. Hummer, aaO. (Fn. 68), S. 96-103.

327 Vgl. das Weissbuch der Kommission, S. 22, ebd.

328 Vgl. Weissbuch der Kommission, Annex, S. 1h.

329 Vgl. Weissbuch der Kommission, S. 22, ebd. Die Kommission sieht diesen Aspekt der Annäherung als »(...) die wichtigste Herausforderung für die assoziierten Länder.«.

6.2 »Autonomer Nachvollzug« des Weissbuchs seitens Bulgariens

Das Weissbuch der Kommission eröffnet den einzelnen MOE-Staaten die Möglichkeit, eine stufenweise Angleichung an die Binnenmarktrechtsvorschriften einzuleiten. Die fortschreitende Annäherung Bulgariens an die Europäische Union verlangt des weiteren ein gleichartiges Recht,[330] das durch einen »autonomen Nachvollzug« geschaffen werden kann. Dies hängt damit zusammen, dass Bulgarien (auch andere MOE-Länder) nicht direkt im Rechtsbildungsprozess der Union mitmachen kann, da eine solche Teilnahme wegen der Komplexität und der Intensität des »acquis communautaire« ausgeschlossen bleibt.[331]

Das Weissbuch ist jedoch ein allgemeiner Leitfaden und berücksichtigt die nationalen Besonderheiten der assoziierten Länder nicht. Deshalb soll jeder MOE-Staat gestützt auf das Weissbuch eigene Arbeitsprogramme erarbeiten. Bulgarien hat diesen Angleichungsprozess mit dem Arbeitsprogramm[332] vom 26. Juli 1996[333] eingeleitet.

In den folgenden Ausführungen werden die einzelnen Bereiche der bulgarischen Arbeitsprogramme nicht gesondert untersucht, sondern ihre leitenden Prinzipien anhand einschlägiger Beispiele dargestellt.

330 Bzw. »Europaverträglichkeit der bulgarischen Gesetzgebung«. Nichtdestotrotz wie in der Schweiz. Vgl. etwa J. Drolshammer / R. Walter, Die Schweiz und die Gestaltung ihrer Beziehungen zur EG nach dem 6. 12. 1992, EuZW 1994, S. 549 ff., insb. S. 553-556.

331 S. u. dazu Kapitel V lit. D. Ziff. 1, S. 100 ff.

332 Vgl. Bulgarian Strategy Paper for the Implementation of the Recommendations of the White Paper on the Preparation for Integration into the Internal Market of the European Union.

333 Das bulgarische Arbeitsprogramm wurde am 26. Juli 1996 bei der Vertretung der Kommission in Sofia eingereicht, vgl. etwa Z »Trud« vom 26. Juli 1996.

6.2.1 Hintergrund und allgemeine Grundzüge des bulgarischen Arbeitsprogramms

Der Beitritt zur Europäischen Union ist das strategische Ziel der bulgarischen Aussenpolitik. Die Übernahme der Empfehlungen des Weissbuchs der Kommission wurde als ein wichtiger Schritt in diese Richtung herausgestellt.[334] Dabei wurden bei der Vorbereitung des bulgarischen Arbeitsprogramms alle interessierten Ministerien und Organisationen beteiligt.[335]

Somit stützt sich das bulgarische Angleichungsprogramm auf drei Grundsätze:

- Es soll die bestehende bulgarische Gesetzgebung darstellen und noch prüfen, wie weit sie mit dem Gemeinschaftsrecht kompatibel ist;
- Es soll in den jeweiligen Sektoren, die vom Weissbuch vorgesehen sind (die 23 Bereiche), anhand konkreter Programme analysiert werden und dazu festgestellt werden, wie lange die Adoption des neuen Binnenmarktrechts oder die Änderung des bestehenden bulgarischen Rechts dauern wird;
- Es wird geklärt, welche neuen Strukturen geschaffen oder welche bestehenden restrukturiert werden müssen.[336]

Das bulgarische Arbeitsprogramm vergleicht weiter in den jeweiligen Bereichen auf drei Ebenen die »zentralen« innerstaatlichen Bestimmungen für die Stufe I und später für die Stufe II mit den entsprechenden binnenmarktrelevanten Vorschriften:

- Bulgarische Rechtsvorschriften, die geändert werden müssen, da sie nicht mit dem Binnenmarkt kompatibel sind (so z. B. im Sozialbereich bei der Abstimmung der Systeme der sozialen Sicherheit

334 Vgl. Bulgarian Strategy Paper, S. 1.
335 Vgl. Bulgarian Strategy Paper, S. 2.
Bei dem Regierungskomitee für Europäische Integration wurde ein Koordinationsausschuss für Europäische Integration eingerichtet. Er wurde mit der Ausarbeitung des bulgarischen Arbeitsprogramms betraut.
336 Vgl. Bulgarian Strategy Paper, S. 2.

und bei dem Gesundheitsschutz und der Sicherheit am Arbeitsplatz)[337];
- Bereiche, wo entsprechende bulgarische Vorschriften nicht vorhanden sind und deshalb neue erlassen werden müssen (z. B. im Umweltbereich, inbegriffen die Freisetzung genetisch veränderter Organismen, audiovisuelle Dienste oder Datenschutz)[338];
- Bulgarische Rechtsvorschriften, die kompatibel sind (ein Grossteil der Finanzdienstleistungen, das Gesellschaftsrecht oder das geistige Eigentum. Dabei wurden die Urheberrechte und verwandte Schutzrechte als kompatibel mit dem »Binnenmarkt-acquis« aufgeführt)[339].

Das bulgarische Arbeitsprogramm macht einerseits die Angleichung der technischen Normen, Standards und Zulassungsverfahren als Bereiche von prioritärer Gewichtigkeit für die Integration Bulgariens in den Binnenmarkt,[340] da diese Normen und Praktiken eine grundlegende Bedeutung für den freien Warenverkehr haben. Auf der anderen Seite bekommt die soziale Absicherung des Transformationsprozesses eine ausserordentlich wichtige Rolle. Deshalb wurde die Angleichung der Rechtsvorschriften im Sozialbereich vom bulgarischen Arbeitsprogramm besonders berücksichtigt.[341]

Mit der Fortsetzung des Arbeitsprogramms[342] wurde darüber hinaus eine Graduierung der Kompatibilität und ein weiteres Detaillieren der Adoption *de lege lata* gesucht. Nun sieht die Fortsetzung des Arbeitsprogramms eine volle, partielle, keine oder nichtfeststellbare (»unknown«)[343] Kompatibilität der bulgarischen Rechtsvorschriften mit dem Weissbuch vor. Dazu werden zeitliche Angaben über die Adoption und das Inkrafttreten der bulgarischen Bestimmungen gegeben.

337 Vgl. Bulgarian Strategy Paper, Annex 04, S. 23-26.
338 Vgl. Bulgarian Strategy Paper, Annex 08, S. 69ff., insb. S. 73-74, Annex 07, Annex 14.
339 Vgl. Bulgarian Strategy Paper, Annex 13, Annex 15 und Annex 19, S. 99.
340 Vgl. Bulgarian Strategy Paper, S. 4.
341 Vgl. Bulgarian Strategy Paper, S. 5.
342 Vgl. Bulgaria Second Progress Report September 1996 February 1997.
343 Wobei ist es unklar, was damit gemeint wird und auf was Bezug genommen wird.

6.2.2 Zwischenergebnis

Es ist offensichtlich, dass das bulgarische Arbeitsprogramm in seinen Grundzügen die Kompatibilität mit den Empfehlungen des Weissbuchs sucht. Bulgarien stellt sich die Aufgabe, bis zum Ende 1998 eine umfangreiche Annäherung an den Binnenmarkt der Europäischen Union durchzuführen.[344]

Das Arbeitsprogramm für die Umsetzung der Empfehlungen des Weissbuchs agiert als ein Regierungsdokument.[345] Damit wurde eine aktive intraministerielle Zusammenarbeit eingeleitet. Der Ministerrat hat nach der bulgarischen Verfassung[346] die Gesetzinitiative und somit die Möglichkeit, das gesamte Gesetzgebungsprogramm des Parlaments im Sinne des Weissbuchs zu steuern. Es bleibt jedoch fraglich, wie weit das Parlament direkt (auch die Gesetzinitiative jedes Abgeordneten) bei der Umsetzung des Weissbuchs miteinbezogen wird. Unbeschadet der Komplexität der Materie wird eine enge Einbindung der bulgarischen Volksversammlung die politische Tragweite des Integrationsprozesses als ein strategisches Ziel Bulgariens enorm erhöhen.

Trotz der Gründung von neuen (Commission for the Protection of Competition, Patent Agency) und der Reorganisation alter Strukturen (Bulgarian Telecommunications Company, Committee on Post and Telecommunications) bleiben die Probleme bei der Umsetzung des Weissbuchs im institutionellen Bereich weiter bestehen.

6.3 Ergebnis

Mit dem Weissbuch der Kommission wurde eine ausservertragliche Evolutionsklausel zu den Europa-Abkommen geschaffen, die den MOE-Ländern die Möglichkeit für eine graduelle und selektive Übernahme der Binnenmarktvorschriften gibt. Es zeigt auch den MOEL, in welchem Umfang die Annäherung der nationalen Rechtsvorschrif-

344 Vgl. Bulgarian Strategy Paper, S. 20.
345 Vgl. Bulgarian Strategy Paper, S. 2.
346 Vgl. Art. 87 Abs. 1 BGV, aaO. (Fn. 128), Anhang. Praktisch kommen die meisten Gesetzgebungsvorlagen von der Regierung.

ten und Institutionen an den Binnenmarkt der Union erforderlich ist. Dabei überlässt es das Weissbuch den MOEL, in ihrer innerstaatlichen Gesetzgebung selbst die Prioritäten zu setzen.

Das Weissbuch postuliert nicht nur eine Angleichung der Rechtsvorschriften *de lege lata*. Aufgrund des »autonomen Nachvollzugs« gestalten die MOEL ihre Gesetzgebungsprogramme für die Zukunft dynamisch und kompatibel mit dem Gemeinschaftsrecht.

Es bleibt jedoch weiterhin für die MOEL die wichtigste Aufgabe, funktionierende Institutionen aufzubauen, die die Rechtsvorschriften durchsetzen. Dadurch wird eine Scheinangleichung keinen Platz haben.

Abschliessend kann gesagt werden, dass das Weissbuch der Kommission ohne eine Institutionalisierung und einen bindenden Charakter eine weitreichende und detaillierte Angleichung an den Binnenmarkt in Gang setzt. Die EU-Kommission wird die Koordination und die Überwachung des Weissbuchs ausüben,[347] aber die Entscheidungen über die Umsetzung werden angesichts des klaren Integrationswillens in den mittel- und osteuropäischen Staaten fallen. Die rechtliche Relevanz besteht auch darin, dass die Abweichungen von den Empfehlungen des Weissbuchs ohne Vertrauensbruch nur mit einer hinreichenden Begründung möglich werden.

Wenn weitere institutionalisierte Beratungen über das Weissbuch notwendig sind, werden sie bilateral in den im Rahmen der Europa-Abkommen eingesetzten Assoziationsorganen durchgeführt.[348] Multilaterale Fragen werden dagegen im Rahmen der Strukturierten Beziehungen behandelt.[349]

347 Vgl. das Weissbuch der Kommission, S. 38, ebd.
348 S. o. Kapitel V lit. A. Ziff. 3.7, S. 71 ff.
349 S. u. Kapitel V lit. D., S. 100 ff.

B. Rechtsfrage der finanziellen Hilfe der Europäischen Union zugunsten der mittel- und osteuropäischen Länder im Rahmen des PHARE-Programms

Das PHARE-Programm wurde ursprünglich als eine finanzielle Unterstützung des Reformprozesses in Polen und Ungarn von der Gemeinschaft geschaffen.

Da der EG-Vertrag keine andere Einzelermächtigung für solche finanzielle Hilfe für die Union enthält, wurde die Finanzverordnung auf Grundlage von Art. 235 EGV gestützt.[350] Diese Bestimmung ist eine Generalermächtigungsklausel für die Gemeinschaf, und es müssen dabei kumulativ drei Tatbestandsmerkmale erfüllt werden:[351]

- Die Finanzhilfe für die MOEL sollte nicht schon an anderer Stelle im Vertrag vorgesehen sein;
- Das Tätigwerden der Gemeinschaft sollte erforderlich sein;
- Dies wird zur Verwirklichung von Zielen der Gemeinschaft beitragen.

Somit ist die Gemeinschaft allein für die finanzielle Hilfe im Rahmen des PHARE-Programms zuständig.[352] Die Finanzhilfe wurde später auf

350 Vgl. so EuGH zuletzt Rs. Vereinigtes Königreich u. a. / Rat, Slg. 1991, S. I-2757 = EuZW 1991, S. 505, Tz. 5.
Vgl. auch Verordnung (EWG) Nr. 3906/89 des Rates vom 18. Dezember 1989 über die Wirtschaftshilfe für die Republik Ungarn und die Volksrepublik Polen, ABl. EWG 1989 Nr. L 375.

351 Vgl. dazu M. Schweitzer / W. Hummer, aaO. (Fn. 68), S. 76, 155; E. Grabitz, Art. 235 EGV, in: Grabitz, Eberhard, Kommentar zum EWGV, 4. Ergänzungslieferung, München 1990, Rdn. 9ff.; zuletzt so U. Häde / A. Puttler, Zur Abgrenzung des Art. 235 EGV von der Vertragsänderung, EuZW 1997, S. 13ff. insb. S. 14.

352 Dazu laufen parallel für die MOEL Finanzprogramme der Mitgliedstaaten, die von ihren Haushalten finanziert sind.

alle mittel- und osteuropäischen Länder[353] ausgedehnt.[354] Die Finanzhilfe der Gemeinschaft wird im Form von nichtrückzahlbaren Zuschüssen[355] gewährt. Zu der finanziellen Unterstützung im Rahmen von PHARE kommt eine reine technische Hilfe hinzu.[356]

Die EU-Kommission[357] ist aufgrund einer Übertragung von Durchführungsbefugnissen nach Art. 145 dritter Gedankenstrich EG-Vertrag mit der Verwaltung der Finanzhilfe für die MOEL beauftragt. Zur Unterstützung der Kommission ist ein PHARE-Verwaltungsausschuss eingesetzt.[358]

353 Die finanzielle Hilfe von PHARE ist nicht durch den Abschluss eines Assoziierungsabkommens bedingt. So nehmen Albanien, Bosnien-Herzegowina und Mazedonien an PHARE-Programmen teil, ohne dabei ein Europa-Abkommen unterzeichnet zu haben.

Dagegen ist ein Europa-Abkommen *conditio sine qua non* für die Beteiligung an den Strukturierten Beziehungen mit der Europäischen Union.

354 Vgl. Verordnung (EWG) Nr. 2698/90 des Rates vom 17. September 1990 zur Änderung der Verordnung (EWG) Nr. 3906/89 zwecks Ausdehnung der Wirtschaftshilfe auf andere Länder in Mittel- und Osteuropa, ABl. EWG 1990 Nr. L 257, insb. den Anhang; Verordnung (EWG) Nr. 3800/91 des Rates vom 23. Dezember 1991 zur Änderung der Verordnung (EWG) Nr. 3906/89 zwecks Ausdehnung der Wirtschaftshilfe auf andere Länder Mittel- und Osteuropas, ABl. EWG 1991 Nr. L 357; Verordnung (EWG) Nr. 2334/92 des Rates vom 7. August 1992 zur Änderung der Verordnung (EWG) Nr. 3906/89 zwecks Ausdehnung der Wirtschaftshilfe auf Slowenien, ABl. EWG 1992 Nr. 227 und Verordnung (EWG) Nr. 1764/93 des Rates vom 30. Juni 1993 zur Änderung der Verordnung (EWG) Nr. 3906/89 über die Wirtschaftshilfe für bestimmte Länder in Mittel- und Osteuropa (die Tschechische Republik und die Slowakische Republik), ABl. EWG 1993 Nr. L 162.

355 Dagegen werden die Darlehen der Europäischen Investitionsbank (EIB) und der Europäischen Bank für Wiederaufbau und Entwicklung (EBWE) angesichts der Rückzahlungsfähigkeit des einzelnen MOE-Staats vergeben.

Vgl. etwa Bericht der Kommission an den Rat und das Europäische Parlament über die Abwicklung der EIB-Darlehen für Vorhaben in mittel- und osteuropäischen Ländern (Berichtszeitraum 15. 3. 1993 bis 31. 12. 1994) vom 10. Januar 1996 KOM(95) 710 endg., S. 3-8; Bericht der Kommission an den Rat und das Europäische Parlament über die Inanspruchnahme von Darlehen der Europäischen Investitionsbank für Vorhaben in den mittel- und osteuropäischen Ländern (vom 01. 1. 1996 bis 30. 6. 1996) vom 13. Dezember 1996, KOM(96) 688 endg., S. 2.

356 Z. B. Transfer seitens der EU von Know-how, Spezialisten, Wirtschaftsdaten, etc.

357 Die Generaldirektion (GD) I.A der Kommission hat die operationelle Verwaltung der PHARE-Programme inne. Innerhalb der GD I.A wurden drei geographische Referate geschaffen, die für sämtliche Aspekte der Beziehungen mit den MOEL zuständig sind.

358 Vgl. Art. 5 und Art. 8 im Zusammenhang mit Art. 9 der Verordnung des Rates Nr. 3906/89, aaO. (Fn. 350).

Das PHARE-Programm wurde vor dem Abschluss der Europa-Abkommen unilateral von der Gemeinschaft beschlossen. Trotz der Forderungen der MOEL, es in Form eines Finanzprotokolls in den EA einzufügen,[359] wird die Finanzhilfe weiter einseitig von der EU vergeben. In den Europa-Abkommen wurden lediglich die Ziele der finanziellen Zusammenarbeit festgelegt.[360] Die Europa-Abkommen wurden als gemischte Abkommen nach Art. 238 EGV auch ohne die Beifügung eines Finanzprotokolls geschlossen.[361]

Als Hauptargumente für eine solche Entscheidung wurden die Flexibilität und die Eilbedürftigkeit der finanziellen Hilfe einerseits und die Sicherung des fairen Wettbewerbs und einer effektiven Kontrolle der Mittelvergabe andererseits hevorgehoben.[362] Damit sind jedoch feste finanzielle Verpflichtungen für die Gemeinschaft gegenüber den mittel- und osteuropäischen Staaten entstanden. Es war wiederum fraglich, ob die MOEL somit nicht vielmehr als Empfangsländer der Finanzhilfe und weniger als Partnerländer von der EU angesehen wurden.

Im Jahr 1995 wurde das Programmierungskonzept von PHARE rationalisiert und verbessert,[363] um die Um- und Durchsetzung der Strategie zur Vorbereitung des Beitritts der assoziierten MOE-Länder zur

359 Vgl. Europa-Archiv 1994, S. D 649, wie es auch der Fall im Assoziierungsabkommen mit Griechenland war oder im Assoziierungsabkommen mit der Türkei ist.

360 Vgl. Titel VIII insb. Art. 100 EA-BG, ebd.

361 S. o. Kapitel V lit. A. Ziff. 1.2, S. 29 i. f. – 32 a. A.
Nach dem Gutachten 1/78 des EuGH (aaO. Fn. 30, Rz. 60) sind die EU-Mitgliedstaaten am Abschluss und bei der Verwaltung von den Abkommen mit Drittländern dann beteiligt, wenn die notwendigen Finanzmittel direkt aus den staatlichen Haushalten fliessen. Eine ausschliessliche Zuständigkeit der Gemeinschaft kann in solchem Fall nicht bestehen.

362 Vgl. A. Strub, Überlegungen anlässlich der neuen TACIS-Verordnung, EuZW 1997, S. 105ff., insb. S. 108.

363 Vgl. die Schlussfolgerungen des Vorsitzes des Europäischen Rates in Essen, Anhang IV, aaO. (Fn. 10), S. 23. So soll das PHARE-Programm:
- Den assoziierten Ländern helfen, das »acquis communautaire« schrittweise zu übernehmen;
- Die marktwirtschaftlichen Reformen und die mittelfristige Umstrukturierung der Volkswirtschaften und gesellschaftlichen Verhältnisse vollziehen, um die Voraussetzungen für die künftige EU-Mitgliedschaft der MOEL zu schaffen.

Vgl. auch Europäische Kommission, PHARE-Programm, Jahresbericht 1995 vom 23. Juli 1996, KOM(96) 360 endg., S. 11.

Union zu finanzieren.[364] Damit wurde PHARE als eine weitere Finanzsäule in die Assoziierung der MOEL i. w. S. überführt. Die neuartige Gestaltung der Assoziierung der MOEL verlangte notwendige Änderungen der Funktionsweise von PHARE.

Die Prioritäten von PHARE-Programmen sollen nunmehr auf die reformbedingten Erfordernisse der MOEL zugeschnitten werden. Die MOEL bestimmen selbst die prioritären Bereiche (demand driven approach), in denen die PHARE-Finanzmittel nach einem mit der EG vereinbarten mehrjährigen Finanzrahmen eingesetzt werden.[365]

Die mehrjährigen PHARE-Richtprogramme werden im Haushaltsplan der EG (Haushaltslinie B 7-600 »Zusammenarbeit mit den Ländern Mittel- und Osteuropas«) jährlich vorgesehen. Aufgrund dessen werden von der Kommission die entsprechenden Finanzierungsbeschlüsse gefasst. Auf der Grundlage der mehrjährigen Richtprogramme und der Finanzierungsbeschlüsse entscheidet jährlich die Kommission gemeinsam mit dem einzelnen MOE-Staat über die Konditionen und den Mitteleinsatz, die für die Durchführung der beschlossenen Projekte am günstigsten sind. Somit sollen die MOE-Länder bei der Aufschlüsselung der finanziellen Hilfe im Rahmen von PHARE weitmöglichst als Partner beteiligt werden. Die Umsetzung der PHARE-Programme soll weitgehend dezentral in dem jeweiligen MOE-Staat verlaufen. Dort ist ein nationaler Koordinator auf Ministerebene eingesetzt, der die PHARE-Aktionen auf der Stufe der Planung, Programmierung und Umsetzung beaufsichtigt.[366]

Die Finanzmittel des PHARE-Programms[367] sollen allen Bereichen der Heranführungsstrategie zugute kommen.[368] Viele PHARE-Program-

364 Vgl. die Schlussfolgerungen des Vorsitzes des Europäischen Rates in Cannes, Durchführung der Strategie zur Vorbereitung des Beitritts, aaO. (Fn. 308), S. 30, Ziff. VII.

365 Vgl. so die Schlussfolgerungen des Vorsitzes des Europäischen Rates in Cannes, S. 30, ebd.

366 Vgl. PHARE-Programm, Jahresbericht 1995, S. 13, ebd.

367 Zwischen 1989 und 1995 wurden im Rahmen von PHARE für die MOEL 5.461,9 Mio. ECU zur Verfügung gestellt. Zwischen 1995 und 1999 werden weitere 6.693 Mio. ECU von der EG für den PHARE-Haushalt bereitgestellt. Vgl. so die Schlussfolgerungen des Vorsitzes des Europäischen Rates in Cannes, S. 59, ebd.

368 Die PHARE-Finanzmittel sind in vielen Bereichen eingesetzt, unter anderen in der Umstrukturierung der Staatsbetriebe und im Aufbau des Privatsektors; in der Um-

me erstrecken sich auch auf mehrere Partnerländer (sog. Länderübergreifende PHARE-Programme). Ab 1995 ist ein grosser Teil der PHARE-Mittel für die Förderung der Infrastrukturentwicklung eingesetzt, damit eine stabile Marktwirtschaft in den MOEL aufgebaut wird. Seit 1994 verfügt PHARE ausserdem über spezifische Mittel zur verstärkten Finanzierung der grenzüberschreitenden Zusammenarbeit zwischen EU-/MOEL und MOEL-/MOEL.[369]

strukturierung und Reform der Landwirtschaft; in der öffentlichen Verwaltung und in der Reform der Institutionen; Reform der sozialen Dienste und Beschäftigung; in Bildung und Gesundheitswesen; in Umwelt und nuklearer Sicherheit. Dazu kommen Finanzmittel von PHARE für die Unterstützung der Zusammenarbeit der MOEL in den Bereichen GASP und Justiz und Inneres in Frage.

369 Vgl. PHARE-Programm, Jahresbericht 1995, S. 5, ebd. und das Programm über die Förderung der grenzüberschreitenden Zusammenarbeit im Rahmen der Aktion PHARE, EU-Kommission (Hrsg.). Vgl. etwa das PHARE-Multiländerprogramm (MCP); das PHARE-Programm für die grenzüberschreitende Zusammenarbeit (CBC). Die intraregionale Zusammenarbeit im Rahmen von PHARE wurde durch die Verordnung der Kommission Nr. 1628/94 vom 4. Juli 1994 eingerichtet.

C. Rechtsaspekte der regionalen Zusammenarbeit zwischen der Europäischen Union und den MOEL

Die intraregionale Zusammenarbeit gewinnt für die Assoziierung der MOEL mit der Europäischen Union immer mehr an Bedeutung. Sie wurde neben den Europa-Abkommen, dem PHARE-Finanzprogramm und den Strukturierten Beziehungen als eine weitere Säule der umfassenden Beitrittsassoziierung der MOEL eingesetzt.[370] Sie soll durch konkrete Massnahmen die Assoziierung i. w. S. unterstützen.

Angesichts der Subjekte läuft die regionale Zusammenarbeit auf der Ebene MOEL-/MOEL[371] oder EU-/MOEL. Bei der letzteren können ausser den PHARE-Finanzmitteln auch die Einsetzung von strukturpolitischen Massnahmen der Gemeinschaft für die gemeinsamen Grenzregionen in Frage kommen. Für die Zukunft wird eine gemeinsame langfristige regionale Strategie in Gang gesetzt, die die beteiligten Grenzregionen (MOEL-/EU) als eine geopolitische Einheit betrachten soll.[372] Die förderungswürdigen Grenzregionen werden von den Regie-

370 Vgl. die Schlussfolgerungen des Vorsitzes des Europäischen Rates in Essen, Anhang IV, aaO. (Fn. 10), S. 24: »Für den Erfolg dieser Strategie [die Heranführungsstrategie] ist die regionale Zusammenarbeit zwischen den assoziierten Ländern selbst und mit ihren unmittelbaren Nachbarn von besonderer Bedeutung.«. Vgl. auch Art. 88 des Europa-Abkommens mit Bulgarien, ebd.

371 Gegenwärtig existieren mehrere regionale Kooperationsinitiativen in Osteuropa: Schwarzmeerwirtschaftskooperation; Visegrad-Gruppe und Zentraleuropäische Freihandelszone (CEFTA); Zentral Europäische Initiative (ZEI – vgl. dazu Bericht der Kommission an den Rat über die Zusammenarbeit der Europäischen Union mit der Zentral Europäischen Initiative vom 4. Dezember 1996, KOM(96) 601 endg.); Rat der Ostseeanrainerstaaten und Baltischer Rat.
Aus verschiedenen Gründen wird hier nicht näher darauf eingegangen.

372 So z. B. die finanzielle Unterstützung von INTERREG II, vgl. dazu den Bericht der Kommission über die Durchführung des Programms über grenzüberschreitende Zusammenarbeit zwischen der Gemeinschaft und Ländern in Mittel- und Osteuropa vom 7. Februar 1996, KOM(95) 662 endg., insb. S. 40.

rungen der betreffenden MOE-Länder im Einvernehmen mit der EU-Kommission festgelegt. Die vorgesehenen Massnahmen müssen sich beiderseits der gemeinsamen Grenze auswirken.

Die Beibehaltung der gegenwärtigen Strukturpolitik der Gemeinschaft[373] kann jedoch unlösbare Probleme für die Integration der MOEL hervorrufen. Alle Regionen der mittel- und osteuropäischen Länder können Finanzmittel aus den drei Strukturfonds (der Europäische Ausrichtungs- und Garantiefonds für die Landwirtschaft - EAGFL, Abteilung Ausrichtung; der Europäische Fonds für regionale Entwicklung - EFRE und der Europäische Sozialfonds - ESF) beanspruchen, da sie ein Pro-Kopf-Einkommen unter 75 % des EU-Durchschnitts haben. Hinzu werden die MOE-Länder Anspruch auf Fördermittel des Kohäsionsfonds in den Bereichen Umwelt und transeuropäische Netze[374] haben, wenn sie ein Pro-Kopf-Einkommen von weniger als 90 % des EU-Durchschnitts aufweisen.[375] Damit werden die Fonds der Gemeinschaft nach dem Beitritt der MOEL ohne eine Änderung des gegenwärtigen Verteilungsschlüssels nicht mehr finanzierbar.

Die intraregionale Zusammenarbeit kommt im materiellen Bereich der Assoziierung den MOEL in folgenden Richtungen zugute:

- Sie vermeidet grosse regionale Gefälle im Intra-MOEL- und MOEL-EU-Handel;
- Die regionale Zusammenarbeit ist nicht auf die Bedürfnisse der einzelnen Wirtschaftszweige zugeschnitten, sondern kommt der jeweiligen Gesamtwirtschaft zugute;
- Da die Freihandelszone nach den Europa-Abkommen mit jedem MOE-Staat separat aufgebaut ist und keinen gemeinsamen Aussen-

373 Vgl. die Ziele der Strukturpolitik in Art. 130a-130e EG-Vertrag, insb. Ziel 1. Die Förderung der Entwicklung und der strukturellen Anpassung rückständiger Regionen.
Vgl. dazu auch S. Hölscheidt, Regionalpolitik der EG in den neuen Ländern und Ost-Berlin, EuZW 1993, S. 474 ff., insb. S. 476; M. Schweitzer / W. Hummer, aaO. (Fn. 68), S. 376 ff.

374 So Art. 130d zweiter Satz EGV. Im Umweltbereich weisen jedoch die MOE-Länder grosse Unterschiede zu EU-Standard auf.

375 Vgl. Countries in Transition 1996, WIIW Handbook of Statistics, aaO. (Fn. 149), S. 42 ff.

zoll einführt, wird die grenzüberschreitende Zusammenarbeit helfen, die einzelnen Freihandelszonen der MOEL aufeinander und mit der EU abzustimmen.

- Nicht zuletzt soll die regionale Zusammenarbeit zur fortschreitenden diagonalen Kumulierung der Ursprungsregeln einen Beitrag leisten.

D. Multilaterale Assoziation der MOEL im Rahmen der Heranführungsstrategie

1 Die rechtlichen Grundlagen der Strukturierten Beziehungen

Zu den bilateralen vertraglich festgesetzten Beziehungen aufgrund der Europa-Abkommen entwickelte die Europäische Union mit den Beschlüssen des Europäischen Rates von Kopenhagen (21./22. Juni 1993) und Essen (9./10. Dezember 1994) gemäss Art. D EU-Vertrag einen multilateralen Rahmen für beratende Konsultationen auf Ministerebene über Fragen von gemeinsamem Interesse.[376]

Der Europäische Rat als Organ der Europäischen Union hat kraft Art. D erster Satz des EU-Vertrags die Assoziierung der MOEL mit der EU vorangetrieben und die allgemeinen politischen Richtlinien für die Strukturierten Beziehungen festgelegt.[377] An den Strukturierten Beziehungen können nur die mittel- und osteuropäischen Länder teilnehmen, die Europa-Abkommen geschlossen haben.[378] Somit sind die Assoziierungsabkommen die notwendige rechtliche Voraussetzung für die

376 Vgl. Europäischer Rat in Kopenhagen, Schlussfolgerungen des Vorsitzes, Anlage II, aaO. (Fn. 9), S. 28 und Europäischer Rat in Essen, Schlussfolgerungen des Vorsitzes, Anhang IV, aaO. (Fn. 10), S. 9-10.

377 Der Europäische Rat nach Art. D zweiter Satz EUV ist die Zusammenkunft der Staats- und Regierungschefs der Mitgliedstaaten sowie des Präsidenten der Kommission, die von den Aussenministern und einem Kommissionsmitglied unterstützt werden.
Vgl. auch G. Ress, Die Europäische Union und die neue juristische Qualität der Beziehungen zu den Europäischen Gemeinschaften, in: JS 1992, S. 985ff.

378 Malta und Zypern sind nur im GASP-Bereich der Strukturierten Beziehungen mit dem Beschluss des Rates »Allgemeine Angelegenheiten« vom 17. Juli 1995 herangezogen, vgl. Bull. EU 7/8 - 1995.

Beteiligung an den Strukturierten Beziehungen.[379] Dies soll auch die Kohärenz zwischen beiden Pfeilern der Heranführungsstrategie sichern.[380] Im Unterschied zum bilateralen Pfeiler der Heranführungsstrategie, wo die MOEL nach dem Assoziationsrecht aufgrund von Europa-Abkommen an der Zielerfüllung der EU beteiligt sind, konsultieren sich die MOEL, die EU-Organe und die Mitgliedstaaten in den Strukturierten Beziehungen »nach den üblichen Verfahren«,[381] also nach dem internen EU-Verfahrensrecht, um die Finalitäten der Union gemeinsam zu erreichen. Damit ist nicht mehr eine bilaterale Zusammenarbeit zwischen den MOEL und der EU in den externen Assoziierungsorganen der Fall, sondern eine multilaterale Heranführung der MOEL an die Arbeitsweise der EU-Organe gemeint. Diese Heranführung an die EU-Organe kann von unterschiedlicher Intensität sein.

Da der Vertrag über die EU eine Teilmitgliedschaft – was eine Mitwirkung beim Nehmen der Entscheide in den Organen der EU bedeuten würde – nicht vorsieht,[382] um das komplexe und verschränkte »acquis communautaire« und die Integrationsdynamik der EU nicht zu gefährden, können die Strukturierten Beziehungen zwischen den Organen der EU und den MOEL nur beratenden Charakter haben. Damit können sich die MOE-Länder am Dialogschema über Fragen von gemeinsamem Interesse in den Strukturierten Beziehungen mit der Europäischen Union nur beteiligen, wenn vorher zwischen den Organen der EU – Rat und Kommission (Generalsekretariat des Rates und

379 Auch der EuGH-Rechtsprechung zufolge muss der assoziierte Drittstaat »(…) zumindest teilweise am Gemeinschaftssystem teilhaben.«. Vgl. Rs. 12/86, Demirel, aaO. (Fn. 88), Rz. 9.

380 Hier soll ein ähnliches Zusammenspiel der Pfeiler der Heranführungsstrategie wie bei der Wahrung der Kohärenz und der Kontinuität zwischen den drei Pfeilern der Europäischen Union nach Art. C EU-Vertrag angenommen werden.

381 Vgl. die Schlussfolgerungen des Vorsitzes des Europäischen Rates in Kopenhagen, ebd. S. 29.

382 Mehrere rechtliche Gründe *de lege lata* sprechen gegen eine Teilmitgliedschaft der MOEL. Als rechtlich bedeutendsten können das institutionelle Gefüge und die supranationale Struktur der Union genannt werden.

Das ist auch die ausschliessliche Meinung in der europarechtlichen Literatur. S. o. die Autoren in Fn. 85, vgl. insb. P. Gilsdorf, aaO. (Fn. 85), Rdn. 13; ders., aaO. (Fn. 135), S. 18 i.f. u. dortige Anm. 15 und S. 19; S. Richter, aaO. (Fn. 28), S. 187-194; C. Schön, aaO. (Fn. 85), S. 225 ff.; M. Pechstein, Osterweiterung und Zukunftsperspektiven der EU, ZfRV 1996, S. 108 ff., insb. S. 113.

Kommissionseinheiten) und den Mitgliedstaaten eine gemeinsame Position zustande gekommen ist. Diese mittelbare Beteiligung der MOEL an der Aufgabeerfüllung der Union nach dem internen EU-Verfahrensrecht – bei schon vorbereiteten Traktanden von der EU und ohne jede willensbildende Möglichkeit für die MOEL – ist in der Rechtsliteratur (Hollenweger)[383] als »indirekte« Assoziierung bezeichnet. Somit können die Strukturierten Beziehungen, die rein beratenden Charakter haben, aber nach EU-Recht mit den Organen durchgeführt werden, als eine *indirekte Assoziierung* rechtlich verstanden werden.

Die mittel- und osteuropäischen Länder sind keine EU-Mitglieder, aber sie können sich durch die Strukturierten Beziehungen mittelbar (»indirekt«)[384] an der Erfüllung der Aufgabe der Union beteiligen. In dieser indirekten Assoziierung werden keine Beschlüsse gefasst, und wenn mündliche Schlussfolgerungen gezogen werden, werden diese in den jeweiligen Zuständigkeitsbereichen der Parteien mit festem rechtlichen Rahmen – nämlich Gemeinschaftsverfahren oder externes Assoziierungsverfahren – umgesetzt.

Damit zeichnet sich die indirekte Assoziierung der MOEL als ein prozessuales Forum für multilaterale Konsultationen auf Ministerebene unterhalb der Mitgliedschaft nach dem internen EU-Verfahrensrecht ab, die eine sehr schwache materiell-rechtliche Verdichtung der Substanz der gemeinsamen Themen realisieren können. Diese eingeschränkte Aufgabe der Strukturierten Beziehungen wurde schon in den Beschlüssen des Europäischen Rates in Kopenhagen[385] postuliert.

In den folgenden Ausführungen werden zuerst die jeweiligen Bereiche der Strukturierten Beziehungen geschildert, und dann wird die Funktionsweise der Strukturierten Beziehungen[386] in den genannten Bereichen Gegenstand dieses Teils der Abhandlung sein.

383 Vgl. P. Hollenweger, aaO. (Fn. 85), S. 24.

384 Vgl. P. Hollenweger, S. 229, ebd.

385 Vgl. dortige Anlage II, aaO. (Fn. 9).

386 Es wird an der ursprünglichen Bezeichnung »Strukturierte Beziehungen« in den Schlussfolgerungen des Vorsitzes des Europäischen Rates in Kopenhagen und nicht an der englischen Abbreviatur »structured dialogue« (Strukturierter Dialog) festgehalten, da sie auch die Abgrenzung vom »Politischen Dialog« im GASP-Bereich besser verdeutlicht.

2 Bereiche der Strukturierten Beziehungen

Die Strukturierten Beziehungen decken multilaterale Themen der drei Pfeiler der Europäischen Union ab, die nunmehr gemeinsam mit den MOEL auf verschiedenen Ebenen diskutiert werden. Sie umfassen alle Gemeinschaftsbereiche (erster Pfeiler) und vor allem solche mit transeuropäischer Dimension, einschliesslich die Bereiche Energie[387], Umwelt, Verkehr, Wissenschaft und Technik. Bestandteil der Strukturierten Beziehungen sind auch die gemeinsame Aussen- und Sicherheitspolitik (GASP) (zweiter Pfeiler) sowie die Bereiche Justiz und Inneres (dritter Pfeiler).[388] Diese drei Bereiche sind Gegenstand der multilateralen Konsultationen, die parallel zu den Verhandlungen in den bilateralen Strukturen der Europa-Abkommen stattfinden.

Da die Strukturierten Beziehungen keine Beschlüsse vorsehen, ist es viel wichtiger, den prozessualen Ablauf der Treffen im jeweiligen Zuständigkeitsbereich der Union zu beleuchten. Dies soll die mittelbare (»indirekte«) Beteiligung (Assoziierung) der MOEL an der Zielerfüllung der EU verdeutlichen.

3 Funktionsweise der Strukturierten Beziehungen

Das Dialogschema, das in den Schlussfolgerungen des Vorsitzes des Europäischen Rates in Kopenhagen beschlossen wurde, sah gemeinsame Tagungen des Rates der Union und aller assoziierten MOEL sowie ein Troika-Treffen auf der Ebene der Aussenminister und eines auf der Ebene der Politischen Direktoren vor. Dazu kamen ein Briefing auf

387 Der Bereich Energie ist zum ersten Mal unter niederländischer Präsidentschaft im ersten Halbjahr 1997 vorgesehen.

388 Vgl. Anlage II, S. 28 und Anhang IV, S. 9, der Schlussfolgerungen des Vorsitzes des Europäischen Rates in Kopenhagen und in Essen.

Sekretariatsebene und eine Troika-Sitzung auf Arbeitsgruppenebene für die betroffenen Arbeitsgruppen je Präsidentschaft. Diese Tagungen sollten im Rahmen der gemeinsamen Sitzungen des Ausschusses der Ständigen Vertreter (AStV)[389] und seiner Arbeitsgruppen mit den assoziierten MOEL im voraus vorbereitet werden.[390]

Der Beschluss des Europäischen Rates in Essen hat den jährlichen Plan der Strukturierten Beziehungen präzisiert und erweitert. Er sieht ein Treffen der Staats- und Regierungschefs EU/MOEL einmal im Jahr am Rande eines Europäischen Rates[391] vor. Darüber hinaus treffen sich die Aussenminister halbjährlich zur Erörterung der gesamten Breite der Beziehungen zu den MOEL, insbesondere des Standes und der Perspektiven der Heranführungsstrategie.[392] Des weiteren sieht das Dialogschema der Strukturierten Beziehungen jährliche Treffen der Minister für die Binnenmarktfrage, Landwirtschaft, der Finanz- und Wirtschaftsminister (sog. ECOFIN-Rat), der Verkehrs-, Telekommunikations-, Umwelt-, Forschungs-, Kultur- und Bildungsminister vor. Halbjährliche Treffen sind dagegen für die Justiz- und/oder Innenminister festgesetzt.[393]

Trotz ihrer fortschreitenden Institutionalisierung aufgrund des Beschlusses des Europäischen Rates in Essen konnten die Strukturierten Beziehungen jedoch keine feste Konturen gewinnen.[394] Deshalb wurden im Februar 1996 weitere technische Verbesserungen der Strukturier-

389 Oder die französische Abbreviatur – COREPER. Er setzt sich aus den Ständigen Vertreter der Mitgliedstaaten zusammen und bereitet die Arbeiten des Ministerrates vor. Vgl. Art. 4 des Vertrags zur Einsetzung eines gemeinsamen Rates und einer gemeinsamen Kommission der Europäischen Gemeinschaften (Fusionsvertrag) vom 8. April 1965, ab dem 1. Juli 1967 in Kraft, ABl. EWG 1967 Nr. L 152, abgedruckt in M. Schweitzer / W. Hummer, Textbuch zum Europarecht, Frankfurt am Main 1980, S. 58 ff.

390 Vgl. Anlage II, S. 29, ebd.

391 Nunmehr findet das Treffen der Staats- und Regierungschefs EU-/MOEL am Rande jeder Tagung des Europäischen Rates statt.

392 Das sind die Treffen am Rande der Tagungen des Rates »Allgemeine Angelegenheiten«.

393 Vgl. Anhang IV, S. 10, ebd.

394 Auch so P. Becker / B. Lippert, Der strukturierte Dialog der Europäischen Union mit den Staaten Mittel- und Osteuropas, IEP-Berichte Nr. 1, Institut für Europäische Politik, Bonn 1997, S. 8 ff., insb. S. 11.

ten Beziehungen beschlossen. In einem Basispapier der Kommission sollten nunmehr die Schwerpunkte und die Gesamtprogrammierung der Treffen festgelegt werden, damit eine bessere Vorbereitung der Strukturierten Beziehungen erzeugt werden kann. Es wurde auch eine Bemühungsabsicht der Präsidentschaft für themenspezifische Schlussbemerkungen der gemeinsamen Treffen postuliert.[395] Die Vorbereitung der Ministertagungen mit den MOEL und die Sicherstellung der horizontalen Kohärenz in allen drei Zuständigkeitsbereichen der Strukturierten Beziehungen sind Aufgabe des Ausschusses der Ständigen Vertreter (AStV).

Die mögliche Beteiligung der MOEL an der Vorbereitung und Abwicklung der gemeinsamen Treffen mit den Organen der EU in den drei Bereichen der Strukturierten Beziehungen ist von unterschiedlicher Intensität und wird im folgenden dargestellt.

3.1 Strukturierte Beziehungen in den Gemeinschaftsbereichen

Bei der Beteiligung der MOE-Länder an den Konsultationen im Rahmen der multilateralen Strukturierten Beziehungen im Gemeinschaftsbereich soll vom weitentwickelten Besitzstand des Gemeinschaftsrechts ausgegangen werden.

Nach der technischen Verbesserung der Strukturierten Beziehungen im Februar 1996 wurde den MOEL die Möglichkeit gegeben, sich intensiver an die Vorbereitung der gemeinsamen Treffen anzuschliessen. Die inhaltliche Vorbereitung der Sitzungen erfolgt einerseits in den Arbeitsgruppen der Kommission (insbesondere in den zuständigen Referaten der Generaldirektion (GD I.A) und in den Arbeitsgruppen (z. B. Arbeitsgruppe Osteuropa) des Rates und durch die Vertreter von den Missionen der MOE-Länder andererseits. Diese vorbereitende Phase verlangt intensive Konsultationen zwischen den Parteien, um die Themen von gemeinsamen Interessen herauszuschälen und den Ablauf der Treffen zu bestimmen.

395 Vgl. P. Becker / B. Lippert, S. 12, ebd.

Eine generelle Öffnung der Arbeitsgruppen des Rates findet jedoch für Vertreter der MOEL nicht statt. Die Ausarbeitung des Basisdokuments der Kommission über den Ablauf der gemeinsamen Treffen ist auch in ihrer alleinigen Kompetenz. Die MOEL werden später davon lediglich unterrichtet. Demzufolge ergibt sich der folgende Ablauf:

- Die MOEL werden über die gemeinsamen Themen der Strukturierten Beziehungen konsultiert (befragt), die am Rande der jeweiligen Ministerratssitzungen stattfinden, damit ihre Position bei der Ausarbeitung des Standpunktes der EU zur Kenntnis genommen werden kann;
- Die gemeinsame Position der EU wird im Zusammenspiel zwischen den Referaten der Kommission und den Arbeitsgruppen des Rates ausgearbeitet und anschliessend im Basisdokument der Kommission festgelegt. Die MOE-Länder nehmen an der Entscheidungsfindung in der EU nicht teil;
- Das faktenorientierte Basisdokument der Kommission wird den MOEL übermittelt, damit sie bei den späteren Diskussionen über das Basisdokument der Kommission Stellung nehmen und Bericht erstatten können.

Diese komplizierte Funktionsweise der Strukturierten Beziehungen im Gemeinschaftsbereich stellt eine mittelbare Beteiligung (indirekte Assoziierung) der MOEL dar. Die MOEL werden konsultiert und informiert, jedoch nicht beim Treffen von Entscheidungen in der EU involviert.

Das gute Funktionieren der Strukturierten Beziehungen hängt von der intensiven Vorbereitung der gemeinsamen Treffen ab. Vorteile werden bei der detaillierten und formalisierten Beteiligung der MOEL auf niedrigerer Ebene der Arbeitsgruppen verbucht.[396] Als positive technische Verbesserung der Strukturierten Beziehungen für die Weiterfüh-

396 So P. Becker / B. Lippert, ebd., S. 27 ff., insb. S. 30.
Es wurde die gute inhaltliche Vorarbeit mit den MOEL auf der Arbeitsebene des ECOFIN-Rates und des Binnenmarkt-Rates (Internal Market Advisory Committee – IMAC) hervorgehoben.
Dagegen wurde die Arbeit der Fachräte über die Öffnung der Ausbildungsprogramme der EU (Sokrates, Leonardo, Jugend für Europa II) für die MOE-Länder als äusserst unzureichend bewertet.

rung der multilateralen Diskussion sind auch die mündlichen, themenspezifischen Schlussbemerkungen der Ratspräsidentschaft angesehen. Sie sollen helfen, die gemeinsamen Themen klar abzugrenzen und die Diskussion in Gang zu halten.

Die themenspezifischen Schlussbemerkungen, die in den Strukturierten Beziehungen zustande gekommen sind, können als Voraussetzung für weitere Beschlüsse im Rahmen der Assoziationsräte dienen. Das wird die Kohärenz zwischen den beiden Pfeilern der Heranführungsstrategie stärken.[397] Im EU-Bereich werden die Schlussbemerkungen des Vorsitzes vom Generalsekretariat des Rates sichergestellt.

3.2 Strukturierte Beziehungen im Bereich der Gemeinsamen Aussen- und Sicherheitspolitik

Um den künftigen Beitritt der assoziierten Mittel- und Osteuropäischen Länder vorzubereiten[398] und nach der italienisch-englischen Initiative vom Dezember 1993[399], hat der Rat »Allgemeine Angelegenheiten« im März 1994 beschlossen,[400] die Strukturierten Beziehungen im Bereich der Gemeinsamen Aussen- und Sicherheitspolitik (GASP) durch fortschreitende Formalisierung der beratenden multilateralen Treffen mit den MOEL zu intensivieren. Die Strukturierten Beziehungen werden im GASP-Bereich als »Politischer Dialog« bezeichnet.

Die Leitlinien des Rates »Allgemeine Angelegenheiten« über den Politischen Dialog mit den MOEL wurden durch daraus folgende Regelungen vom Politischen Komitee nach Art. J.8 Abs. 5 EU-Vertrag umgesetzt.[401]

397 S. o. Kapitel V lit. D. Ziff. 1, S. 100-101. Auch im EG-Bereich sichert Art. 228a EGV die Kohärenz mit der GASP.

398 Vgl. die Schlussfolgerungen des Vorsitzes des Europäischen Rates in Kopenhagen, S. 13, Ziff. iii), ebd.

399 Vgl. E. Adobiati, I rapporti più stretti con i Paesi dell'Est europeo. Prospettive, Diritto del commercio internazionale 1995, S. 518-520.

400 Vgl. Bull. EU 3-1994. Als Rat »Allgemeine Angelegenheiten« wird die Zusammenkunft der Aussenminister der Mitgliedstaaten bezeichnet.

401 Vgl. auch M. Morass / M. Leitgeb, GASP vis-à-vis MOEL MOEL zur GASP?, in: Auswirkungen einer EU-Osterweiterung auf die zweite und dritte Säule, Wien 1995, S. 9 ff., insb. S. 13-18.

Nunmehr sieht das Dialogschema im GASP-Bereich halbjährlich auf Ministerebene ein Treffen der EU-Troika[402] nach Art. J.5 Abs. 3 EUV mit den Aussenministern der MOEL (3+10-Variante) oder Tagungen des Rates »Allgemeine Angelegenheiten« mit den Aussenministern der MOEL (15+10-Variante) vor.

Dazu kommen halbjährliche Treffen der im Politischen Komitee tätigen Politischen Direktoren (Art. J.8 Abs. 5 EUV) mit den Botschaftern der MOE-Staaten, die auch im Anschluss an jede Tagung des Europäischen Rates unterrichtet werden. Es sind auch zumindest halbjährliche Treffen zwischen den Arbeitsgruppen der EU-Troika und den MOEL auf Expertenebene vorgesehen.[403]

Materiell hat der Rat »Allgemeine Angelegenheiten« die Möglichkeit eröffnet, die MOEL an gemeinsamen Erklärungen der EU und Demarchen der EU-Troika zu beteiligen. Die MOEL können auch an den Gemeinsamen Aktionen der Union gemäss Art. J.3 EU-Vertrag teilnehmen.[404] Demzufolge (Art. J.3 Abs. 1 Ziff. 4 EUV) ist eine Gemeinsame Aktion nicht nur für die EU-Mitgliedstaaten bei ihren Stellungnahmen und ihrem Vorgehen, sondern auch für die assoziierten mittel- und osteuropäischen Staaten bindend. Die verschiedenen Durchführungsmodalitäten einer Gemeinsamen Aktion können durch die Assoziationsräte umgesetzt werden.

Darüber hinaus ist seit der Überarbeitung der Leitlinien des Rates »Allgemeine Angelegenheiten« vom März 1994 durch das Politische Komitee vom Mai 1996 die Beteiligung der MOEL an den Gemeinsamen Standpunkten der EU gemäss Art. J.2 EU-Vertrag möglich.[405] Kraft dieser Bestimmung können sich die MOEL nicht nur an schon beschlossenen Gemeinsamen Aktionen anschliessen (Art. J.3 EUV), sondern sich auch aktiv an den Beratungen im Ministerrat über einen

402 Der Vorsitz unterstützt von dem Mitgliedstaat, der den vorhergehenden Vorsitz innenhatte, und dem Mitgliedstaat, der den nachfolgenden Vorsitz wahrnimmt.

403 Vgl. auch dazu J. A. Emmanouilidis / M. Joop, Der Strukturierte Dialog der Europäischen Union mit den Staaten Mittel- und Osteuropas – Entwicklungen und Optionen unter besonderer Berücksichtigung der Gemeinsamen Aussen- und Sicherheitspolitik, Institut für Europäische Politik, Bonn 1996, S. 13 ff., insb. S. 14-15.

404 Die erfolgreichste Gemeinsame Aktion war die Beteiligung der EU und der MOEL am Stabilitätspakt in Europa, der nunmehr von der OSZE verwaltet wird.

405 Siehe auch P. Becker / B. Lippert, aaO. (Fn. 394), S. 17.

Gemeinsamen Standpunkt beteiligen (Art. J.2 EUV). Soweit der Rat es als erforderlich erachtet, kann er einen Gemeinsamen Standpunkt festlegen, der auch die assoziierten MOEL binden soll. Ihre einzelstaatliche Politik soll mit dem gemeinsamen Standpunkt in Einklang stehen.[406] Damit ist die Möglichkeit gegeben, dass die MOEL von Anfang an bei der Aufgabenerfüllung der Union im Bereich der GASP dabei sind.

Im Rahmen der Strukturierten Beziehungen im GASP-Bereich kommt auch für die EU und die MOEL die Gelegenheit, ihre gegenseitigen Positionen im voraus abzustimmen, um in den internationalen Organisationen eine echte gesamteuropäische Haltung zum Ausdruck zu bringen.

3.2.1 Zwischenergebnis

Die Strukturierten Beziehungen im Rahmen der GASP gelten als vorbildlich, was auf mehrere Ursachen zurückzuführen ist:

- Die MOEL im Bereich der GASP sind am weitesten an die Organe der EU bei ihrer Aufgabenerfüllung herangezogen. Sie können sich schon bei der Ausarbeitung des Gemeinsamen Standpunktes beteiligen, was zur besseren Durchführung der Gemeinsamen Aktionen führen wird;[407]
- Im GASP-Bereich sind die Experten der MOEL in allen Arbeitsgruppen des Rates einbezogen. Dies hängt damit zusammen, dass die Expertensitzungen viel häufiger den gemeinsamen Analysen und dem Gedankenaustausch zwischen den Mitgliedstaaten als der konkreten Entscheidungsfassung dienen. Eine solche Partizipationsmöglichkeit für die MOEL in der GASP begünstigt die substantielle Abgrenzung der gemeinsamen Themen und die weitere Formalisierung der multilateralen Konsultationen zwischen den MOEL und den GASP-Arbeitsgruppen der EU;

406 Vgl. in diesem Sinne Art. J.2 Abs. 2 Satz 2 im Zusammenhang mit dem Satz 1 EU-Vertrag.

407 So z. B. der Gemeinsame Standpunkt der EU und der MOEL zu Ex-Jugoslawien.

- Bei dem GASP-Pfeiler besteht nicht ein verschränktes »acquis communautaire«, das einen supranationalen Charakter hat und nur nach der vollen Mitgliedschaft übernommen werden kann.[408] Das hier bestehende »acquis politique« beruht auf dem Prinzip der intergouvernementalen Zusammenarbeit,[409] die eine vertiefte Teilhabe der MOEL erlaubt. Mittel- und osteuropäische Staaten waren auch seit 1990 an der Europäischen Politischen Zusammenarbeit (EPZ) beteiligt.[410]

3.3 Strukturierte Beziehungen in den Bereichen Justiz und Inneres

In der dritten Säule der Union sind die Strukturierten Beziehungen am wenigsten vorangeschritten. Dies hängt damit zusammen, dass sowohl die EU-Mitgliedstaaten als auch die einzelnen MOE-Staaten nicht bereit sind, ihre jeweilige innerstaatliche Souveränität in diesen Bereichen zum Gegenstand der multilateralen Konsultationen zu machen.[411] Es wird über Ansätze für eine Zusammenarbeit mit den mittel- und osteuropäischen Staaten gesprochen,[412] da die Vergemeinschaftung dieses Bereiches nach dem EU-Vertrag auch in Ansatzpunkten vorgegeben ist. In Betracht kommen überwiegend die gemeinsamen Treffen der Innen- und Justizminister und die Beratungen im Rahmen des

408 Bis anhin ist ein »autonomer Nachvollzug« möglich. S. o. Kap. V lit. A. Ziff. 6.2, S. 87 ff.

409 Dies sieht partielle oder keine Teilnahme der Kommission, des Europäischen Parlaments oder des EuGH vor. Vgl. so Art. J.9, Art. J.11, Art. L EU-Vertrag.

410 Vgl. z. B. Gemeinsame Erklärung der EG und der Vertreter aller von der jugoslawischen Krise unmittelbar betroffenen Parteien vom 7. Juli 1991 in Brioni, in: Europäische Politische Zusammenarbeit (EPZ) auf dem Weg zu einer Gemeinsamen Aussen- und Sicherheitspolitik (GASP), 9. überarbeitete Auflage, Bonn 1992, S. 260 ff.

411 Vgl. auch ausführlich dazu E. Holnsteiner, Die Zusammenarbeit im Bereich der EU-Justiz- und Innenpolitik in der Osterweiterungsperspektive, in: Auswirkungen einer EU-Osterweiterung auf die zweite und dritte Säule, Wien 1995, S. 67 ff., insb. S. 69.

412 So E. Holnsteiner, S. 73, ebd.

Koordinierungsausschusses nach Art. K.4 (sog. K.4-Ausschuss) EU-Vertrag.[413] Soweit es zu Schlussbemerkungen kommen soll, werden sie durch die Assoziationsräte umgesetzt.[414]

4 Ergebnis

Die Strukturierten Beziehungen eröffnen den MOEL die Möglichkeit, sich parallel zu der bilateralen Assoziierung aufgrund der Europa-Abkommen indirekt und multilateral nach dem EU-Verfahrensrecht an der Zielerfüllung der Union zu beteiligen. Ohne die Entscheidungsbildung in der EU zu beeinflussen, nehmen die MOEL an den multilateralen Konsultationen über verschiedene Themen von gemeinsamem Interesse mit den Organen und den Mitgliedstaaten der Europäischen Union teil. Diese indirekte Assoziierung – kein direkter Einfluss auf die Willensbildung der Union – aufgrund der Beschlüsse des Europäischen Rates nach Art. D EUV neben der externen Assoziierung aufgrund der Europa-Abkommen gemäss Art. 238 EGV soll den Beitritt der MOEL in die EU vorbereiten. Ohne die Beitrittsverhandlungen nach Art. O EUV zu präjudizieren, führen sie die mittel- und osteuropäischen Staa-

413 Praktisch ist die Zusammenarbeit zwischen der EU und den MOEL in den Bereichen der »Berliner Erklärung« vom 8. September 1994 konzentriert: Bekämpfung des illegalen Handels mit Rauschgift und psychotropen Stoffen; Bekämpfung des Diebstahls von und des illegalen Handels mit radioaktiven und nuklearen Substanzen; Bekämpfung der Schleuserkriminalität und der Kraftfahrzeugverschiebung, vgl. E. Holnsteiner, S. 74-75, ebd.

In den letzten zwei Jahren sind die Zusammenarbeit zur Bekämpfung der internationalen organisierten Kriminalität, illegale Einwanderungen und Asylfragen, Anpassung des Rechtssystems und Ausbildung der Polizei dazu gekommen.

414 Für Bulgarien bleibt die ungelöste Frage der sog. »negativen Listen« (kein freies Visa-Regime) unter dem Schengener Abkommen, das jedoch nicht Gemeinschaftsrecht ist, sondern als begleitendes Völkerrecht der Mitgliedstaaten auftritt.

Dies stellt jedoch eine Benachteiligung Bulgariens gegenüber anderen MOE-Staaten dar.

ten stärker an die Aktivitäten der EU heran. Die Strukturierten Beziehungen sollen eine Vorreiterrolle gegenüber der Assoziierung i. e. S. aufgrund von Europa-Abkommen spielen und neue Impulse für die Beitrittsassoziierung der MOEL i. w. S. geben. Immerhin bleiben die Strukturierten Beziehungen ein prozesuales Forum und Beschlüsse werden nicht gefasst.

Einerseits bestätigen die Strukturierten Beziehungen eindeutig, dass die Assoziierung der MOEL auf den künftigen Beitritt ausgerichtet ist. Andererseits sollen sie die Beitrittsverhandlungen erleichtern und die Zukunftsoptionen der Heranführung und des Beitritts der MOEL zur EU in Gang halten. Ihr multilateraler Charakter gibt gleiche Aussichten für alle MOEL, parallel Beitrittsverhandlungen mit der EU durchzuführen. Somit wird für die Kohärenz und Transparenz der jeweiligen Beitrittsoptionen der MOEL ein wichtiger Beitrag geleistet. Trotz des schwachen institutionellen Ausbaus geben die Strukturierten Beziehungen den MOEL die Möglichkeit, sich der Arbeit der EU-Organe anzuschliessen, was für die Beitrittskandidaten Österreich, Schweden, Finnland und Norwegen erst nach dem Abschluss der Beitrittsverhandlungen möglich war.[415]

Welche Rolle die Strukturierten Beziehungen in Zukunft noch spielen werden und ob sie in eine ständige Beitrittskonferenz umgewandelt werden,[416] hängt auch mit der weiteren Reformierung der Euro-

415 Sie konnten als »aktiver Beobachter« an allen Beratungen innerhalb der EU mitwirken. Vgl. so z. B. der Tagung des Europäischen Rates in Korfu vom 24./25. Juni 1994.

416 So lautet ein französischer Vorschlag, der auch von der deutschen Seite unterstützt wird: »In diesem Zusammenhang möchte ich einen Gedanken aufgreifen, den mein französischer Amtskollege, Hervé de Charette, vor einigen Wochen ausgesprochen hat. Im Sinne seiner Überlegungen schlage ich vor, nach dem Ende der Regierungskonferenz eine ständige Konferenz der EU und der MOE-Staaten einzuberufen, die sich ausschliesslich der Beitrittsthematik annehmen soll. Dies könnte ein Weg sein, um den Prozess der Heranführung in einer schwierigen Übergangsphase zu steuern und zu verstärken. Die europäische Erweiterungskonferenz könnte parallel zu den Beitrittsverhandlungen die Heranführungsstrategie vertiefen und die Entscheidung über die Beitritte vorbereiten.«. Rede des Bundesministers des Auswärtigen Kinkel, anlässlich der Botschafterkonferenz zu Mittel- und Osteuropa am 20./21.Mai 1996 in Bonn, Auswärtiges Amt, Entwurf, S. 6-7.

päischen Union zusammen,[417] denn sechs Monate nach der Beendigung der Regierungskonferenz müssen die Beitrittsverhandlungen mit den MOE-Staaten eingeleitet werden.[418]

417 Die wichtigsten Reformen im Hinblick auf die Osterweiterung nach der Beendigung der Regierungskonferenz 1996 und dem Vertrag von Amsterdam sollen immerhin in dem institutionellen Gefüge (Zusammensetzung der Organe, insb. der EU-Kommission) der EU und der Beschlussfassung (Erweiterung der Bereiche mit Mehrheitsentscheidungen) in den Organen der Union ausfallen, vgl. Vertrag von Amsterdam, Entwurf vom 19. Juni 1997, Teil IV Die Organe der Union, Protokoll über die Organe im Hinblick auf die Erweiterung der Union, CONF/ 4001/ 97 CAB.

Art. 1 sieht bei der ersten Erweiterung die Aufgabe des zweiten Kommissionsmitglieds und neue Stimmengewichtung im Rat vor; Bei den weiteren Erweiterungen über zwanzig Mitgliedstaaten wird eine neue Regierungskonferenz über die Zusammensetzung und die Arbeitsweise der Organe einberufen (Art. 2).

Die Einführung einer Flexibilitätsklausel durch den Vertrag von Amsterdam (vgl. Teil V A. Generalklauseln über eine engere Zusammenarbeit – »Flexibilität«, Art. 1 bis. Art. 3, ebd.) für eine verstärkte Zusammenarbeit innerhalb des EU-Vertrags, die auf einen gemeinsamen deutsch-französischen Diskussionsbeitrag vom 18. Oktober 1996 zurückgeht, wird die Integrationsmodalitäten der MOEL unter Wahrung des einheitlichen institutionellen Rahmens der Union wesentlich erleichtern. Vgl. auch so M. Pechstein, aaO. (Fn. 382), S. 117-118.

418 Die Schlussfolgerungen des Vorsitzes des Europäischen Rates in Madrid vom 15./ 16. Dezember 1995 haben zwei Grundprinzipien in bezug auf die Beitrittsverhandlungen mit den MOEL festgelegt:
- Die Beitrittsverhandlungen der MOEL werden sechs Monate nach Abschluss der Regierungskonferenz und unter Berücksichtigung ihrer Ergebnisse zusammen mit Malta und Zypern begonnen;
- Alle beitrittswilligen mittel- und osteuropäischen Länder werden gleich behandelt.

Vgl. Tagung der Staats- und Regierungschefs der EU am 15./16. Dezember 1995 in Madrid, Schlussfolgerungen des Vorsitzes, abgedruckt in: Bulletin der Bundesregierung, Nr. 8 / S. 61 ff. vom 30. Januar 1996, Presse- und Informationsamt der Bundesregierung (Hrsg.), insb. S. 67-68 und Anlage 6 Erweiterung.

Nach der Beendigung der Regierungskonferenz in Amsterdam bedeutet das nun, dass ab dem 1. Januar 1998 die Beitrittsverhandlungen mit den MOEL eingeleitet werden müssen.

VI. Zusammenfassung

Die wesentlichen Ergebnisse dieser Abhandlung lassen sich wie folgt zusammenfassen.

Die Assoziierung der MOEL hat einen säulenartigen Aufbau und ist auf den künftigen Beitritt ausgerichtet. Die jeweiligen Säulen haben unterschiedliche Aufgaben und weisen eine heterogene rechtliche Qualität auf. Die herkömmliche Assoziierung »mit gegenseitigen Rechten und Pflichten« nach Art. 238 EG-Vertrag war nur bis zur Entwicklung der Heranführungsstrategie vorgegeben.

Bei der Heranführungsstrategie handelt es sich nun eindeutig um eine Beitrittspartnerschaft, wo die Beitrittswillen der Europäischen Union und der Mittel- und Osteuropäischen Länder *parallel* verlaufen, damit das Ziel des Beitritts der MOEL in die EU konsequent erreichen wird.

Zunächst wurde nach Art. 238 EG-Vertrag eine bilaterale Assoziierung zwischen der Gemeinschaft und Bulgarien i. e. S. aufgrund von Europa-Abkommen hergestellt. Sie sollte überwiegend die ökonomische Anbindung Bulgariens an die Europäische Union verfestigen. Das Europa-Abkommen mit Bulgarien sieht für den freien Warenverkehr die schrittweise Errichtung einer Freihandelszone vor, die mit den Grundsätzen des GATT-Systems kompatibel ist. Hinzu kommen der politische Dialog und die kulturelle Zusammenarbeit. In der Assoziierung i. e. S. sind Assoziierungsorgane eingesetzt, die zur eigenen Willensbildung befugt sind.

Die Ausdehnung der übrigen drei Grundfreiheiten des EG-Vertrags auf die Assoziierungsverhältnisse mit Bulgarien ist in Ansätzen geblieben. Die Weiterentwicklung der Assoziierung in den Assoziierungsorganen stösst auf rechtliche Schranken. Sie sind auch für eine weitere detaillierte Übernahme des »acquis communautaire« nicht geeignet. Deshalb haben sich die Vertragsparteien auf eine von der Kommission entworfene Evolutionsklausel zu den Europa-Abkommen gestützt. Sie gibt die Möglichkeit für eine graduelle und selektive Übernahme der Binnenmarktvorschriften als Kernbereich der Europäischen Union und überlässt es den MOEL, in ihren Gesetzgebungsprogrammen selbst die Prioritäten zu setzen.

Als weiterer Pfeiler der Assoziierung der MOEL i. w. S. wurden die Strukturierten Beziehungen zwischen den MOE-Ländern, die aufgrund von Europa-Abkommen assoziiert wurden, und den Organen der EU durch die Beschlüsse des Europäischen Rates gemäss Art. D EU-Vertrag in Gang gesetzt. Die Strukturierten Beziehungen sollen den MOEL die Möglichkeit geben, in einem multilateralen Rahmen Konsultationen auf Ministerebene über Fragen von gemeinsamem Interesse nach dem EU-Verfahrensrecht durchzuführen und sie an der Aufgabeerfüllung der Europäischen Union stärker zu beteiligen. Somit werden auch die MOEL mit der Funktionsweise der Institutionen der Europäischen Union vertraut gemacht. Im Unterschied zum ersten Pfeiler (die Assoziation i. e. S.) wurden bei den Strukturierten Beziehungen keine gemeinsamen Organe vorgesehen und werden keine Beschlüsse gefasst. Die multilaterale Assoziierung ermöglicht aber den MOEL angesichts des künftigen Beitritts, in den EU-Organen mitzuarbeiten. Diese mittelbare Beteiligung – Mitarbeit, aber kein direkter Einfluss auf die Willensbildung in der Union – der MOEL an den EU-Finalitäten ist von unterschiedlicher Intensität in den drei Säulen der Europäischen Union.

Die Heranführungsstrategie sieht noch zwei weitere Pfeiler vor. Das PHARE-Programm der Europäischen Union unterstützt finanziell konkrete Vorhaben der Heranführungsstrategie. Die Assoziierung i. e. S. setzt nicht die Teilnahme am PHARE-Programm voraus. Das PHARE-Programm war vor den Europa-Abkommen eingeleitet und hat weiter eine eigenständige Bedeutung und Funktionsweise im Rahmen der Heranführungsstrategie inne.

Die grenzüberschreitende Zusammenarbeit soll der Heranführungsstrategie für die allgemeine Verwirklichung der Ziele zugute kommen.

Als Folge daraus ergibt sich eine Beitrittsassoziierung der MOEL *sui generis*, die zwei Hauptpfeiler – die bilaterale Assoziierung aufgrund der Europa-Abkommen nach Art. 238 EGV (externe Assoziierung) und die multilaterale Assoziierung aufgrund der Beschlüsse des Europäischen Rates nach Art. D EUV (indirekte Assoziierung) – beinhaltet. Die indirekte Assoziierung (Strukturierte Beziehungen) hat keine selbständige Existenz, sondern sie tritt subsidiär zur externen Assoziierung hinzu.

Die Assoziierung der MOEL hat eine transitorische Rechtsnatur und soll auch kein festes Rechtsinstitut bleiben. Sie wird in dem Beitritt der MOEL in die EU ihre Verwirklichung finden.

Summary

Legal problems of the association of Central and Eastern European Countries (CEEC) and of the conditions for their accession to the European Union – with particular reference to Bulgaria

The main results of this dissertation can be summed up as follows.

In the first place it was observed that the association of Central and Eastern European Countries is based on a pillars-like structure and is oriented to their future accession to the European Union (EU). Each pillar includes different tasks and is characterized by a heterogeneous legal quality. The association in the traditional sense according to article 238 of the Treaty on European Union existed as such only until the development of the pre-accession strategy.

According to article 238 of the Treaty, a bilateral association in the strict sense was first established between the Community and Bulgaria, based on the Europe Agreements. The main aim of this association is to strenghten the economic ties of Bulgaria with the European Union. In order to boost the free movement of goods, the Europe Agreement with Bulgaria provides for a gradual creation of a free trade area compatible with the GATT principles. Moreover it establishes a political dialogue and a cultural cooperation. Association bodies with independent decision-making power are set up to operate within the framework of this kind of association.

The extension of the remaining three fundamental freedoms of the EU Treaty to the association with Bulgaria is limited to principles. The further development of the association within the association bodies is hampered by legal obstacles. Moreover these bodies are not able to adopt any further the »acquis communautaire« in detail.

The parties to the Agreement have therefore decided to base themselves upon an evolutionary clause to the Europe Agreements which was proposed by the Commission. This clause makes it possible to adopt progressively and selectively the internal market rules as a core of the European Union and enables the CEEC to set their own priorities in their legislative programmes independently.

Another pillar of the association of the CEEC in the broad sense consists in the structured dialogue between the CEEC, which have been associated on the basis of the Europe Agreements, and the Union institutions. It was put into force through the decisions of the European Council according to article D of the Treaty. The structured dialogue is meant to enable the CEEC to take part in meetings at ministerial level in a multilateral framework concerning questions of common interest, following EU procedural law. It also gives the CEEC the possibility to participate more actively in the accomplishment of European Union tasks. This enables the CEEC to become more familiar with the functioning of the EU institutions. Unlike the first pillar (the association in the strict sense), the structured dialogue does not provide for common bodies and decision-making. Thanks to the multilateral association, the CEEC can however take part in the activities of the European Union institutions in order to prepare for their future accession.

This indirect association – cooperation yet without direct influence on the EU decision-making process – of the CEEC with the EU aims has a different intensity in the three pillars of the European Union.

The pre-accession strategy is based on two other pillars. The PHARE programme of the European Union is a provider of grant finance for concrete projects of this strategy. The association in the strict sense does not require the participation in the PHARE programme. The programme was launched before the Europe Agreements and maintains its own significance and function within the framework of the pre-accession strategy.

The cross-border cooperation should contribute to the general achievement of the pre-accession strategy's aims.

As a consequence of what mentioned above, there is an association for accession of the CEEC *sui generis* which consists in two main pillars – the bilateral association on the basis of the Europe Agreements according to article 238 of the Treaty (external association) on the one hand and the multilateral association on the basis of the European Council's decisions according to article D of the Treaty (indirect association) on the other hand. The indirect association (structured dialogue) cannot exist alone but is added to the external association.

The association of the CEEC has a temporary legal nature and should not become a permanent legal institute. It will be implemented through the accession of the CEEC to the European Union.

Riassunto

Problemi giuridici posti dall'associazione dei Paesi dell'Europa centrale e orientale (PECO) e dalle condizioni per la loro adesione all'Unione europea – con particolare riferimento alla Bulgaria

I risultati principali della presente tesi possono riassumersi come segue.

In primo luogo si è constatato che l'associazione dei PECO poggia su una struttura a pilastri ed è finalizzata all'adesione. Ogni pilastro è suddiviso in diversi compiti ed ha una propria qualità giuridica. L'associazione tradizionale secondo l'articolo 238 del Trattato sull'Unione europea (UE) era prevista come tale solo fino allo sviluppo della strategia di pre-adesione.

Innanzitutto è stata istituita un'associazione bilaterale in senso stretto tra la Comunità europea e la Bulgaria in virtù dell'articolo 238 del Trattato, sulla base degli accordi europei. Tale tipo di associazione mira soprattutto a consolidare i legami economici della Bulgaria con l'Unione europea. L'accordo europeo con la Bulgaria prevede infatti per la libera circolazione delle merci la creazione graduale di una zona di libero scambio compatibile con i principi del GATT. Oltre a ciò vengono istituiti un dialogo politico e una cooperazione a livello culturale. In questo tipo di associazione operano degli organi di associazione, i quali dispongono di poteri decisionali autonomi.

L'estensione delle restanti tre libertà fondamentali del Trattato UE all'associazione con la Bulgaria si limita solamente a dei principi. Lo sviluppo ulteriore dell'associazione negli organi di associazione è frenato da ostacoli di natura giuridica. Tali organi non sono infatti idonei a recepire ulteriormente e in maniera dettagliata l'»acquis communautaire«.

Le parti all'accordo hanno quindi deciso di servirsi di una clausola evolutiva agli accordi europei proposta dalla Commissione, la quale permette di recepire in modo graduale e selettivo le norme del mercato interno in quanto settore centrale dell'Unione e lascia ai PECO la possibilità di fissare le loro priorità nei rispettivi programmi legislativi.

Le decisioni del Consiglio europeo in virtù dell'articolo D del Trattato hanno gettato le basi di un altro pilastro dell'associazione in senso lato, costituito dal cosiddetto dialogo strutturato tra i PECO, associati in virtù degli accordi europei, e gli organi dell'Unione. Il dialogo strutturato permette ai PECO di prendere parte a delle consultazioni a livello ministeriale su base multilaterale in merito a questioni di interesse comune secondo il diritto procedurale comunitario e di partecipare più attivamente all'adempimento dei compiti dell'Unione. In tal modo i PECO hanno l'opportunità di familiarizzarsi con le istituzioni dell'UE. A differenza del primo pilastro (associazione in senso stretto), il dialogo strutturato non prevede l'istituzione di organi comuni e nel suo ambito non vengono prese alcune decisioni. L'associazione multilaterale permette tuttavia ai PECO di collaborare con gli organi dell'UE, in vista della futura adesione.

Questa forma indiretta di partecipazione dei PECO al raggiungimento degli obiettivi dell'UE - collaborazione senza influenza diretta sul processo decisionale - assume un'intensità diversa nei tre pilastri dell'Unione.

La strategia di pre-adesione poggia inoltre su altri due pilastri. Il programma PHARE dell'Unione europea sostiene finanziariamente i progetti concreti di tale strategia. Tuttavia l'associazione in senso stretto non presuppone la partecipazione al programma PHARE. Quest'ultimo è stato infatti lanciato prima degli accordi europei e conserva un carattere e una funzionalità propri nel quadro della strategia di pre-adesione.

La cooperazione transfrontaliera contribuisce al raggiungimento degli obiettivi posti nella strategia.

Da quanto esposto si deduce l'esistenza di un'associazione finalizzata all'adesione dei PECO *sui generis*, la quale si basa su due pilastri principali - l'associazione bilaterale in virtù dell'articolo 238 del Trattato UE (associazione esterna) e l'associazione multilaterale in virtù delle decisioni del Consiglio europeo secondo l'articolo D del Trattato (associazione indiretta). Quest'ultima (dialogo strutturato) non esiste in quanto tale, ma si aggiunge all'associazione esterna.

L'associazione dei PECO ha una natura giuridica transitoria e non si trasformerà in un istituto giuridico permanente. Essa si attuerà con l'adesione dei PECO all'Unione europea.

Literaturverzeichnis

I. Kommentare und Lehrbücher

1. Bleckmann, Albert, Europarecht, 5. Auflage, Köln; Berlin; Bonn; München 1990.
2. Grabitz, Eberhard, Kommentar zum EWGV, 4. Ergänzungslieferung, München 1990.
3. von der Groeben, Hans / von Boeckh, Hans / Thiesing, Jochen / Ehlermann, Claus-Dieter, Kommentar zum EWG-Vertrag, Band 2 (Artikel: 137-248), 3. Auflage, Baden-Baden 1983.
4. von der Groeben, Hans / Thiesing, Jochen / Ehlermann, Claus-Dieter, Kommentar zum EWG-Vertrag, Band 1 und 4, 4. Auflage, Baden-Baden 1991.
5. Hummer, Waldemar / Simma, Bruno / Vedder, Christoph / Emmert, Frank, Europarecht in Fällen, 1. Auflage, Baden-Baden 1991.
6. Müller, Jörg Paul / Wildhaber, Luzius, Praxis des Völkerrechts, Bern 1977.
7. Schweitzer, Michael / Hummer, Waldemar, Europarecht, 4. Auflage, Berlin 1993.
8. Schweitzer, Michael / Hummer, Waldemar, Textbuch zum Europarecht, Frankfurt am Main 1980.
9. Seidl-Hohenveldern, Ignaz, Recht der Internationalen Organisationen einschliesslich der Supranationalen Gemeinschaften, 4. Auflage, Köln; Berlin; Bonn; München 1993.
10. Seidl-Hohenveldern, Ignaz, Völkerrecht, 7. Auflage, Köln; Berlin; Bonn; München 1993.
11. Verdross, Alfred / Simma, Bruno, Universelles Völkerrecht, 3. Auflage, Berlin 1984.

II. Monographien und Aufsätze

1. Adobiati, Enrica, I rapporti più stretti con i Paesidell'Est europeo. Prospettive, Diritto del commercio internazionale 1995, pag. 518 segg.
2. Bailey-Wiebecke, Ilka, Die Europäische Gemeinschaft und der Rat für Gegenseitige Wirtschaftshilfe, Multilaterale Diplomatie oder Blockbildung?, Europäische Hochschulschriften, Bd. / Vol. 142, Bern; Frankfurt a. M.; New York; Paris.
3. Becker, Peter / Lippert, Barbara, Der Strukturierte Dialog der Europäischen Union mit den Staaten Mittel- und Osteuropas, IEP-Berichte Nr. 1, Bonn 1997.
4. Bleckmann, Albert, Der gemischte Vertrag im Europarecht, EuR 1976, S. 301 ff.
5. Dagtoglou, Prodromos, Die Süderweiterung der Europäischen Gemeinschaft – insbesondere der Beitritt Griechenlands, EuR 1980, S. 1 ff.
6. Drolshammer, Jens / Walter, Regula, Die Schweiz und die Gestaltung ihrer Beziehungen zur EG nach dem 6. 12. 1992, EuZW 1994, S. 549 ff.
7. Ehlermann, Claus-Dieter, Mitgliedschaft in der Europäischen Gemeinschaft – Rechtsprobleme der Erweiterung, der Mitgliedschaft und der Verkleinerung, EuR 1984, S. 113 ff.
8. Emmanouilidis, Janis A. / Jopp, Mathias, Der Strukturierte Dialog der Europäischen Union mit den Staaten Mittel- und Osteuropas – Entwicklungen und Optionen unter besonderer Berücksichtigung der Gemeinsamen Aussen- und Sicherheitspolitik, IEP-Studie, Bonn 1996.
9. Emmert, Frank, Die Entwicklung der Ursprungsregeln bis zum EWR-Abkommen, in: Jacot-Guillarmond (Hrsg.) EWR-Abkommen, Zürich 1992, S. 115 ff.
10. Everling, Ulrich, Die Neuregelung des Assoziationsverhältnisses zwischen der Europäischen Wirtschaftsgemeinschaft und den afrikanischen Staaten und Madagaskar sowie den überseeischen Ländern und Hoheitsgebieten, ZaöRV 1964, S. 472 ff.
11. Gärtner, Wolfram, Die Annäherung osteuropäischer Staaten an die Europäischen Gemeinschaften, ROW 1991, S. 225 ff.
12. ders., Zu Inhalt und unmittelbarer Anwendbarkeit der Europa-Abkommen der EG mit den ostmitteleuropäischen Staaten, ROW 1993, S. 332 ff.
13. Gilsdorf, Peter, Die Aussenkompetenzen der EG im Wandel – Eine kritische Auseinandersetzung mit Praxis und Rechtsprechung, EuR 1996, S. 149 ff.
14. ders., Die Grenzen der gemeinsamen Handelspolitik, Reihe des Europa-Instituts Nr. 125, Saarbrücken 1988.

15. ders., Assoziierungsabkommen der Europäischen Wirtschaftsgemeinschaft: Entwicklung und Perspektiven, Reihe des Europa-Instituts Nr. 220, Saarbrükken 1990.

16. Glaesner, Hans-Joachim, Die Süderweiterung der Europäischen Gemeinschaften, Reihe des Europa-Instituts Nr. 58, Saarbrücken 1985.

17. Gündel, Rolf, Die Internationalisierung der Wirtschaft im Staatsmonopolistischen Kapitalismus und ihre Widersprüche, Ost-Berlin 1976.

18. Häberli, Christian, Das GATT und die Entwicklungsländer, in: GATT-Uruguay Round, T. Cottier (Hrsg.), Bern 1995, S. 135 ff.

19. Häde, Ulrich / Puttler, Adelheid, Zur Abgrenzung des Art. 235 EGV von der Vertragsänderung, EuZW 1997, S. 13 ff.

20. Hailbronner, Kay, Die Freizügigkeit türkischer Staatsangehöriger nach dem Assoziationsabkommen EWG / Türkei, EuR 1984, S. 54 ff.

21. Hailbronner, Kay / Bierwagen, Rainer M., Das GATT – Die Magna Charta des Welthandels, JA 1988, S. 318 ff.

22. Hollenweger, Peter, Die Assoziation von Staaten mit internationalen Organisationen, Zürich 1967.

23. Holnsteiner, Erich, Die Zusammenarbeit im Bereich der EU-Justiz- und Innenpolitik in der Osterweiterungsperspektive, in: Auswirkungen einer EU-Osterweiterung auf die zweite und die dritte Säule, Wien 1995, S. 61 ff.

24. Hölscheidt, Sven, Regionalpolitik der EG in den neuen Ländern und Ost-Berlin, EuZW 1993, S. 474 ff.

25. Hummer, Waldemar, Reichweite und Grenzen unmittelbarer Anwendbarkeit der Freihandelsabkommen, in: Rechtsfragen der Freihandelsabkommen der Europäischen Wirtschaftsgemeinschaft mit den EFTA-Staaten, H.-G. Koppensteiner (Hrsg.), Wien 1987, S. 43 ff.

26. Inotai, Andras, Assoziierungsabkommen: Schritte zur Reintegration ostmitteleuropäischer Staaten, in: Integration, 15. Jg., 1 / 1992, S.25 ff.

27. Jacot-Guillarmond, Olivier, Gerichtlicher Protektionismus: Juristische Fatalität oder politische Herausforderung für den Freihandel in Europa?, EFTA Bulletin Nr. 4 1985, S. 9 ff.

28. Jansen, Bernhard, Die neue Welthandelsorganisation (World Trade Organisation – WTO), EuZW 1994, S. 333 ff.

29. Katzaroff, Konstantin, Die Rechtspflege Bulgariens, Sonderabdruck aus dem »Handbuch des Internationalen Rechts«, Sofia 1928, 34 ff.

30. Konstantinov, Emil, Die neue bulgarische Verfassung von 1991, ROW 1993, S. 35 ff.

31. Kramer, Heinz, Das System der »Europäischen Abkommen«: Lösung oder Zwischenlösung für die Beziehungen der Gemeinschaft zu Osteuropa?, in: Die Europäische Gemeinschaft in einem neuen Europa: Herausforderungen und Strategien, C. Deubner (Hrsg.), 1. Auflage, Baden-Baden 1991, S. 117 ff.

32. Krenzler, Horst G., Die Europäische Gemeinschaft und der Wandel in Mittel- und Osteuropa, EA 1990, S. 89 ff.

33. Krück, Hans, Die Freizügigkeit der Arbeitnehmer nach dem Assoziierungsabkommen EWG / Türkei, EuR 1984, S. 289 ff.

34. Kuschel, Hans-Dieter, Die Niederlassungsfreiheit für Unternehmen der Europäischen Gemeinschaft in den Europa-Abkommen der EG mit Bulgarien und Rumänien, EuZW 1993, S. 442 ff.

35. Le Bullenger, Joel, Der Einfluss der GATT-Normen auf die Beziehungen zwischen der EG und den Osteuropäischen Staaten, in: Die Europäische Gemeinschaft in einem neuen Europa: Herausforderungen und Strategien, C. Deubner (Hrsg.), 1. Aufl., Baden-Baden 1991, S. 155 ff.

36. Liebich, Ferdinand K., Das GATT als Zentrum der internationalen Handelspolitik, Baden-Baden 1971.

37. Lippert, Barbara, Etappen der EG-Ostpolitik: Distanz – Kooperation – Assoziierung, in: Integration, 13. Jg., 3 / 1990, S. 111 ff.

38. Loch M., Theo / Hasenpflug, Hajo, Die Assoziierungs- und Präferenzpolitik der EG, Bonn 1974.

39. Meier, Gert, Die rechtlichen Grenzen für einen Beitritt zu den Europäischen Gemeinschaften, EuR 1978, S. 12 ff.

40. Morass, Michael / Leitgeb, Maria, GASP vis-à-vis MOEL MOEL zur GASP? Politische Aspekte der Heranführung der mittel- und osteuropäischen Länder an die Europäische Union, in: Auswirkungen einer EU-Osterweiterung auf die zweite und die dritte Säule, Wien 1995, S. 9 ff.

41. Möbius, Uta, Zum EG-Handel mit Osteuropa, in: Die Europäische Gemeinschaft in einem neuen Europa: Herausforderungen und Strategien, C. Deubner (Hrsg.), 1. Auflage, Baden-Baden 1991, S. 141 ff.

42. Nolte, Georg, Freizügigkeit nach dem Assoziationsvertrag EWG – Türkei: Auslegungskompetenz, unmittelbare Anwendbarkeit und Familiennachzug, ZaöRV 1987, S. 755 ff.

43. Pechstein, Matthias, Osterweiterung und Zukunftsperspektiven der Europäischen Union, ZfRV 1996, S. 108 ff.

44. Petersmann, Ernst U., Struktur und aktuelle Fragen des Assoziationsrechtes, ZaöRV 1979, S. 266 ff.

45. Popova, Zhasmin, Evropeiskite Sporasumenia za Asoziirane (Die Europäischen Assoziationsübereinkünfte), in: Osnovi na Evropeiskata Integrazia (Grundzüge der Europäischen Integration), Center for European Studies (CES), R. Ivanova (Hrsg.), Sofia 1994, Bulgarisch, S. 337 ff.

46. Radoijnow, Petko, Abstimmung des innerstaatlichen und des Völkerrechts, Sofia 1971.

47. Ress, Georg, Die Europäische Union und die neue juristische Qualität der Beziehungen zu den Europäischen Gemeinschaften, JS 1992, S. 985 ff.

48. Richter, Stefan, Die Assoziierung osteuropäischer Staaten durch die Europäischen Gemeinschaften, Max-Planck-Institut für Ausländisches Öffentliches Recht und Völkerrecht, Heidelberg 1993.

49. Rumpf, Christian, Die Zollunion EU - Türkei, RIW 1997, S. 46 ff.

50. ders., Freizügigkeit der Arbeitnehmer und Assoziation EG - Türkei, RIW 1993, S. 214 ff.

51. Sasse, Christoph, Kooperationsabkommen und EG - Handelspolitik, Parallelität oder Konflikt?, EA 1974, S. 695 ff.

52. Schlochauer, Hans-Jürgen, Von der Assoziation zur Integration Europas, in: Die Friedens-Warte, Bd. 52 (1953 / 55), S. 1 ff.

53. Schön, Cordula, Der rechtliche Rahmen für Assoziierungen der Europäischen Gemeinschaft, Europäische Hochschulschriften, Bd. / Vol. 1505 Frankfurt a. M.; Berlin; Bern; New York; Paris; Wien.

54. Stalev, Stoyan, Verfassungsgerichtsbarkeit in Bulgarien, ROW 1993, S. 33 ff.

55. ders., Transformation der Rechts- und Wirtschaftsordnung in Bulgarien - Probleme und Perspektive, ZEuP 1996, S. 444 ff.

56. Strub, Andreas, Überlegungen anlässlich der neuen TACIS-Verordnung, EuZW 1997, S. 105 ff.

57. Tager, Vitali E., Bürgerliches Recht der Volksrepublik Bulgarien, Allgemeiner Teil I, Bulgarisch, Sofia 1972.

58. Wolfram, Dieter, Die Assoziation überseeischer Gebiete an die EWG, Saarbrücken 1963.

59. Zieger, Gottfried, Zum Rechtsbegriff der Assoziierung, in: Festschrift für Georg Erler, Göttingen 1965.

60. Zimmerman, Boleslow / Hirschler, Monique, Westeuropäische Integrationsverbände - Recht, Ost-Berlin 1983, Russisch, Moskau 1987.

III. Häufig zitierte Dokumente

A.

1. Europa-Abkommen zur Gründung einer Assoziation zwischen den Europäischen Gemeinschaften und ihren Mitgliedstaaten einerseits und der Republik Bulgarien andererseits vom 8. März 1993, ABl. EG 1994 Nr. L 358.
2. Interimsabkommen über Handel und Handelsfragen zwischen der Europäischen Wirtschaftsgemeinschaft und der Europäischen Gemeinschaft für Kohle und Stahl einerseits und der Republik Bulgarien andererseits, ABl. EG 1993 Nr. L 323.
3. Abkommen zwischen der Europäischen Wirtschaftsgemeinschaft und der Volksrepublik Bulgarien über den Handel und die handelspolitische und wirtschaftliche Zusammenarbeit vom 24. September 1990, ABl. EWG 1990 Nr. L 291.
4. Gemeinsame Erklärung über die Aufnahme offizieller Beziehungen zwischen der Europäischen Gemeinschaft und dem Rat für Gegenseitige Wirtschaftshilfe, ABl. EWG 1988 Nr. L 157.
5. Verordnung (EWG) Nr. 3906/89 des Rates vom 18. Dezember 1989 über die Wirtschaftshilfe für die Republik Ungarn und die Volksrepublik Polen, ABl. EWG 1989 Nr. L 375.
6. Verordnung (EWG) Nr. 2698/90 des Rates vom 17. September 1990 zur Änderung der Verordnung (EWG) Nr. 3906/89 zwecks Ausdehnung der Wirtschaftshilfe auf andere Länder in Mittel- und Osteuropa, ABl. EWG 1990 Nr. L 257.
7. Entscheidung des Rates vom 16. Dezember 1969 über die schrittweise Vereinheitlichung der Abkommen über die Handelsbeziehungen zwischen den Mitgliedstaaten und dritten Ländern und über die Aushandlung der gemeinschaftlichen Abkommen, ABl. EWG 1969 Nr. L 326.
8. Entscheidung des Rates vom 2. Dezember 1974 zur Festsetzung der in den Mitgliedstaaten gegenüber Staatshandelsländern anwendbaren Einfuhrregelungen für Erzeugnisse, die mengenmässigen Beschränkungen unterliegen, ABl. EWG 1974 Nr. L 358.
9. Entscheidung des Rates vom 22. Juni 1974 über die Einführung eines Konsultationsverfahrens für Kooperationsabkommen der Mitgliedstaaten mit dritten Ländern, ABl. EWG 1974 Nr. L 208.
10. Verordnung (EWG) Nr. 3420/83 des Rates vom 14. November 1983 über die Einfuhrregelungen für auf Gemeinschaftsebene nicht liberalisierte Waren mit Ursprung in Staatshandelsländern, ABl. EWG 1983 Nr. L 346.

11. Verordnung (EWG) Nr. 2727/90 des Rates vom 25. September zur Aufhebung oder Aussetzung mengenmässiger Beschränkungen gegenüber bestimmten Ländern Ost- und Mitteleuropas, ABl. EWG 1990 Nr. L 262.
12. Verordnung (EWG) Nr. 3833/90 des Rates vom 20. Dezember 1990 zur Anwendung allgemeiner Zollpräferenzen für bestimmte landwirtschaftliche Erzeugnisse mit Ursprung in Entwicklungsländern, ABl. EWG 1990 Nr. L 370.
13. Verordnung (EG) Nr. 3066/95 des Rates vom 22. Dezember 1995 über Zugeständnisse in Form von gemeinschaftlichen Zollkontingenten für bestimmte landwirtschaftliche Erzeugnisse und zur autonomen und befristeten Anpassung bestimmter in den Europa-Abkommen vorgesehener Zugeständnisse für landwirtschaftliche Erzeugnisse, um dem im Rahmen der multilateralen Handelsverhandlungen der Uruguay-Runde geschlossenen Übereinkommen über die Landwirtschaft Rechnung zu tragen, ABl. EG 1995 Nr. L 328.
14. Verordnung (EG) Nr. 3054/95 des Rates vom 22. Dezember 1995 über die Einfuhr bestimmter EGKS- und EG-Stahlerzeugnisse aus bestimmten Drittländern in die EG, ABl. EG 1995 Nr. L 325.
15. Beschluss 1/95 aufgrund der Assoziationsratssitzung vom 29. Mai 1995, doc UE-BG 1902/95, ABl. EG 1995 Nr. L 255.

B.

1. Europäischer Rat, Tagung am 21./22. Juni 1993 in Kopenhagen, Schlussfolgerungen des Vorsitzes, insb. Anlage II, SN 180/1/93.
2. Europäischer Rat, Tagung am 9./10. Dezember 1994 in Essen, Schlussfolgerungen des Vorsitzes, insb. Anhang IV, SN 300/94.
3. Europäischer Rat, Tagung am 26./27. Juni 1995 in Cannes, Schlussfolgerungen des Vorsitzes, Dokumentation - EU-Nachrichten, Nr. 6 1995.
4. Europäischer Rat, Tagung am 15./16. Dezember 1995 in Madrid, Schlussfolgerungen des Vorsitzes, insb. Anlage 6, in: Bulletin der Bundesregierung Nr. 8 / S. 61 ff. vom 30. Januar 1996 Presse- und Informationsamt der Bundesregierung (Hrsg.)
5. Weissbuch über die Vorbereitung der assoziierten Staaten Mittel- und Osteuropas auf die Integration in den Binnenmarkt der Union vom 3. Mai 1995, KOM(95) 163 endg.
6. Weissbuch über die Vorbereitung der assoziierten Staaten Mittel- und Osteuropas auf die Integration in den Binnenmarkt der Union vom 3. Mai 1995, Annex, KOM(95) 163/2 endg.

7. Report on the Activities of the Technical Assistance Information Exchange Office for the Year 1996, European Commission, Sec(97) 506.
8. Bulgarian Strategy Paper for the Implementation of the Recommendation of the White Paper on the Preparation for Integration into the Internal Market of the European Union.
9. Bulgarian Second Progress Report September 1996 February 1997.
10. Mitteilung der Kommission an den Rat und das Europäische Parlament über ein Allgemeines Schema für Assoziationsabkommen mit den Ländern in Mittel- und Osteuropa vom 27. August 1990, KOM(90) 398 endg.
11. Mitteilung der Kommission an den Rat über die Europa-Abkommen und die Zeit danach: Eine Strategie zur Vorbereitung des Beitritts der Länder Mittel- und Osteuropas vom 13. Juli 1994, KOM(94) 320 endg.
12. Mitteilung der Kommission an den Rat über die ergänzenden Ausführungen zu der Mitteilung der Kommission über »Die Europa-Abkommen und die Zeit danach: Eine Strategie zur Vorbereitung des Beitritts der Länder Mittel- und Osteuropas« vom 27. Juli 1994, KOM(94) 361 endg.
13. Mitteilung der Kommission an den Rat und das Europäische Parlament über die industrielle Zusammenarbeit mit den Ländern Mittel- und Osteuropas vom 14. März 1995, KOM(95) 71 endg.
14. Mitteilung der Kommission über die Berücksichtigung der Wahrung der Grundsätze der Demokratie und der Achtung der Menschenrechte in den Abkommen zwischen der Gemeinschaft und Drittländern vom 23. Mai 1995, KOM(95) 216 endg.
15. Europäische Kommission: PHARE-Programm, Jahresbericht 1995 vom 23. Juli 1996, KOM(96) 360 endg.
16. Bericht der Kommission an den Rat und das Europäische Parlament über die Durchführung der Finanzhilfen für Drittländer im Jahr 1995 vom 8. Januar 1997, KOM(96) 695 endg.
17. Bericht der Kommission über die Durchführung des Programms über grenzüberschreitende Zusammenarbeit zwischen der Gemeinschaft und Ländern in Mittel- und Osteuropa vom 7. Februar 1996, KOM(96) 662 endg.
18. Bericht der Kommission an den Rat über die Zusammenarbeit der Europäischen Union mit der Zentral Europäischen Initiative vom 4. Dezember 1996, KOM(96) 601 endg.
19. Programm über die Förderung der grenzüberschreitenden Zusammenarbeit im Rahmen der Aktion PHARE, Europäische Kommission (Hrsg.)

VERFASSUNG
der
Republik Bulgarien

Verabschiedet
von der Großen Volksversammlung
am 12. Juli 1991

Herausgeber: Agentur Sofia Press
Polygraphischer Komplex „Planeta 999“

Indem wir unsere Treue zu den allgemeinmenschlichen Werten Freiheit, Frieden, Humanismus, Gleichheit, Gerechtigkeit und Toleranz erklären;

indem wir die Rechte der Persönlichkeit, ihre Würde und Sicherheit zum höchsten Grundsatz erheben;

im Bewußtsein unserer unabänderlichen Pflicht zur Wahrung der nationalen und staatlichen Einheit Bulgariens und

im Bestreben, den Willen des bulgarischen Volkes zum Ausdruck zu bringen,

proklamieren wir, die Abgeordneten der Siebten Großen Volksversammlung, unsere Entschlossenheit, einen demokratischen und sozialen Rechtsstaat zu schaffen,

und nehmen zu diesem Zwecke folgende VERFASSUNG an.

VERFASSUNG

Kapitel 1

GRUNDLAGEN

Art. 1 (1) Bulgarien ist eine Republik mit parlamentarischer Regierungsform.

(2) Alle Staatsgewalt geht vom Volke aus. Sie wird von ihm unmittelbar und durch die in dieser Verfassung vorgesehenen Organe ausgeübt.

(3) Kein Teil des Volkes, keine politische Partei oder andere Organisation, staatliche Institution oder Einzelperson darf sich die Ausübung der nationalen Souveränität anmaßen.

Art. 2. (1) Die Republik Bulgarien ist ein Einheitsstaat mit örtlicher Selbstverwaltung, in dem keine autonomen territorialen Gebilde zulässig sind.

(2) Die territoriale Integrität der Republik Bulgarien ist unantastbar.

Art. 3. Amtssprache in der Republik ist Bulgarisch.

Art. 4 (1) Die Republik Bulgarien ist ein Rechtsstaat. Sie wird gemäß der Verfassung und den Gesetzen des Landes regiert.

(2) Die Republik Bulgarien garantiert das Leben, die Würde und die Rechte der Persönlichkeit und schafft Bedingungen für die freie Entfaltung des Menschen und der Zivilgesellschaft.

Art. 5. (1) Die Verfassung ist das oberste Gesetz, und die anderen Gesetze dürfen ihr nicht widersprechen.

(2) Die Bestimmungen der Verfassung haben unmittelbare Wirkung.

(3) Niemand darf für Handlungen oder Unterlassungen verurteilt werden, die nach den zum Zeitpunkt der Ausführung geltenden Gesetzen nicht strafbar waren.

(4) Die nach der verfassungsmäßigen Ordnung ratifizierten, bekanntgemachten und für die Republik Bulgarien in Kraft getretenen internationalen Verträge sind Bestandteil des innerstaatlichen Rechtes. Sie haben Vorrang vor ihnen widerspre-

chenden Normen der innerstaatlichen Gesetzgebung.

(5) Alle Normativakten sind bekanntzumachen. Sie treten drei Tage nach der Bekanntmachung in Kraft, sofern in ihnen keine andere Frist festgelegt ist.

Art. 6. (1) Alle Menschen sind von Geburt frei und gleich in bezug auf ihre Würde und ihre Rechte.

(2) Alle Bürger sind vor dem Gesetz gleich. Es sind keinerlei Einschränkungen der Rechte oder Privilegien aufgrund von Rasse, Nationalität, ethnischer Zugehörigkeit, Geschlecht, Herkunft, Glaubensbekenntnis, Bildung, Gesinnung, politischer Zugehörigkeit, privater oder gesellschaftlicher Stellung bzw. Vermögensstand zulässig.

Art. 7. Der Staat haftet für Schäden, die durch gesetzwidrige Akte oder Handlungen seiner Organe bzw. Amtspersonen verursacht worden sind.

Art. 8. Die Staatsgewalt wird unterteilt in Legislative, Exekutive und Judikative.

Art. 9. Die Streitkräfte garantieren die Souveränität, die Sicherheit und die Unabhängigkeit des Landes und verteidigen seine territoriale Integrität.

Art. 10. Die Wahlen, die nationalen und lokalen Referenden werden aufgrund des allgemeinen, gleichen und direkten Wahlrechts in geheimer Abstimmung durchgeführt.

Art. 11. (1) Das politische Leben in der Republik Bulgarien beruht auf dem Prinzip des politischen Pluralismus.

(2) Keine politische Partei oder Ideologie darf für staatlich erklärt oder als solche durchgesetzt werden.

(3) Die Parteien tragen zur Bildung und Äußerung des politischen Willens der Bürger bei. Die Verfahrensweise bei der Gründung und Auflösung politischer Parteien sowie die Bedingungen für deren Tätigkeit werden durch Gesetz geregelt.

(4) Die Gründung von politischen Parteien auf ethnischer, rassischer oder konfessioneller Grundlage sowie von Parteien, die sich das Ziel setzen, die Staatsmacht gewaltsam zu ergreifen, ist unzulässig.

Art. 12. (1) Die Vereinigungen von Bürgern dienen der Befriedigung und dem Schutz ihrer Interessen.

(2) Die Vereinigungen von Bürgern, darunter die gewerkschaftlichen, dürfen sich keine politischen Ziele setzen und dürfen

keine politische Tätigkeit ausüben, die nur politischen Parteien zueigen ist.

Art. 13. (1) Die Religionsbekenntnisse sind frei.

(2) Die konfessionellen Einrichtungen sind vom Staat getrennt.

(3) Traditionelle Religion in der Republik Bulgarien ist das griechisch-orthodoxe Glaubensbekenntnis.

(4) Die konfessionellen Gemeinschaften und Einrichtungen sowie die Religionsbekenntnisse dürfen nicht für politische Zwekke benutzt werden.

Art. 14. Familie, Mutterschaft und Kinder stehen unter dem Schutz des Staates und der Gesellschaft.

Art. 15. Die Republik Bulgarien gewährleistet den Schutz und die Reproduktion der Umwelt, den Erhalt der lebenden Natur in ihrer Vielfalt und die rationale Nutzung der natürlichen Reichtümer und Ressourcen des Landes.

Art. 16. Die Arbeit wird vom Gesetz garantiert und geschützt.

Art. 17. (1) Das Eigentums- und Erbschaftsrecht wird vom Gesetz garantiert und geschützt.

(2) Das Eigentum ist privat oder öffentlich.

(3) Das Privateigentum ist unantastbar.

(4) Die rechtlichen Bedingungen für die Objekte des staatlichen und des Gemeindeeigentums regelt das Gesetz.

(5) Eine zwangsweise Enteignung für staatliche und kommunale Bedürfnisse darf nur auf Grund eines Gesetzes erfolgen, vorausgesetzt, daß diese Bedürfnisse nicht auf andere Weise befriedigt werden können, und zwar nachdem eine gleichwertige Entschädigung gezahlt worden ist.

Art. 18. (1) Die Bodenschätze, der Küstenstreifen, die Staatsstraßen sowie die durch Gesetz bestimmten Gewässer, Forsten und Parks von nationaler Bedeutung, archäologischen und Naturreservate sind ausschließliches Staatseigentum.

(2) Im Festlandsockel und in der ausschließlichen Wirtschaftszone übt der Staat die souveränen Rechte aus hinsichtlich der Erforschung, Erschließung, Nutzung, Erhaltung und Bewirtschaftung der biologischen, mineralischen und Energieressourcen dieser Meeresgewässer.

(3) Der Staat übt die souveränen Rechte am Funkfrequenzspektrum und an den Positionen der geostationären Umlaufbahn

aus, die für die Republik Bulgarien durch internationale Abkommen festgelegt worden sind.

(4) Durch Gesetz kann das Staatsmonopol auf den Eisenbahntransport, das nationale Post- und Fernmeldenetz, die Nutzung von Kernenergie, die Herstellung von radioaktiven Produkten, Waffen, Sprengstoffen und biologisch hochwirksamen Stoffen errichtet werden.

(5) Die Bedingungen und die Verfahrensweise bei der Erteilung von Konzessionen durch den Staat für die in den vorstehenden Absätzen aufgeführten Objekte und von Genehmigungen für die Ausübung der Tätigkeiten nach denselben Absätzen werden durch Gesetz geregelt.

(6) Das staatliche Vermögen wird im Interesse der Bürger und der Gesellschaft bewirtschaftet und verwaltet.

Art. 19. (1) Die Wirtschaft der Republik Bulgarien beruht auf der freien Wirtschaftsinitiative.

(2) Das Gesetz schafft und garantiert allen Bürgern und juristischen Personen die gleichen rechtlichen Bedingungen für die Ausübung wirtschaftlicher Tätigkeit, indem es den Mißbrauch mit der Monopolstellung und den unlauteren Wettbewerb verhindert und den Verbraucher schützt.

(3) Die Investitionen und die Wirtschaftstätigkeit bulgarischer und ausländischer Bürger und juristischer Personen sind gesetzlich geschützt.

(4) Das Gesetz schafft Bedingungen für die Bildung von Genossenschaften und für andere Formen des Zusammenschlusses von Bürgern und juristischen Personen zur Erzielung eines wirtschaftlichen und sozialen Fortschritts.

Art. 20. Der Staat schafft Voraussetzungen für eine ausgewogene Entwicklung der einzelnen Landesregionen und unterstützt die örtlichen Organe und Tätigkeiten durch seine Finanz-, Kredit- und Investitionspolitik.

Art. 21. (1) Der Boden ist ein wesentlicher Nationalreichtum, der den besonderen Schutz des Staates und der Gesellschaft genießt.

(2) Das anbaufähige Land darf nur für landwirtschaftliche Zwecke benutzt werden. Eine Veränderung der Zweckbestimmung ist nur in Ausnahmefällen bei erwiesenem Bedarf zulässig und hat unter den vom Gesetz festgelegten Bedingungen und nach der entsprechenden Verfahrensweise zu erfolgen.

Art. 22. (1) Ausländer und ausländische juristische Personen können das Eigentumsrecht an Boden nur durch eine Erbschaft nach geltendem Recht erwerben. In diesem Fall sind sie verpflichtet, ihr Eigentum zu übertragen.

(2) Ausländer und ausländische juristische Personen können unter den gesetzlich festgelegten Bedingungen Nutzungs-, Bau- und andere Sachenrechte erwerben.

Art. 23. Der Staat schafft Voraussetzungen für die freie Entwicklung von Wissenschaft, Bildung und Kunst und fördert sie. Er sorgt für die Erhaltung des nationalen historischen und kulturellen Erbes.

Art. 24. (1) Die Außenpolitik der Republik Bulgarien wird in Übereinstimmung mit den Prinzipien und Normen des Völkerrechts realisiert.

(2) Hauptziele der Außenpolitik der Republik Bulgarien sind die nationale Sicherheit und die Unabhängigkeit des Landes, der Wohlstand und die Grundrechte und -freiheiten der bulgarischen Bürger sowie die Mitwirkung bei der Errichtung einer gerechten internationalen Ordnung.

Kapitel 2

GRUNDRECHTE UND GRUNDPFLICHTEN DER BÜRGER

Art. 25. (1) Bulgarischer Staatsbürger ist jeder, der zumindest ein Elternteil mit bulgarischer Staatsangehörigkeit hat bzw. der auf dem Territorium der Republik Bulgarien geboren ist, wenn er nicht nach Herkunft eine andere Staatsangehörigkeit erwirbt. Die bulgarische Staatsangehörigkeit kann auch durch Einbürgerung erworben werden.

(2) Personen bulgarischer Herkunft erwerben die bulgarische Staatsangehörigkeit durch erleichterte Prozedur.

(3) Einem bulgarischen Staatsangehörigen von Geburt darf die bulgarische Staatsangehörigkeit nicht entzogen werden.

(4) Kein Staatsangehöriger der Republik Bulgarien darf des Landes verwiesen oder einem anderen Staat ausgeliefert werden.

(5) Bulgarische Staatsangehörige, die sich im Ausland aufhalten, genießen den Schutz der Republik Bulgarien.

(6) Die Bedingungen und der Modus für den Erwerb, die Erhaltung und den Verlust der bulgarischen Staatsangehörigkeit werden durch Gesetz bestimmt.

Art. 26. (1) Die Staatsangehörigen der Republik Bulgarien genießen, gleich wo sie sich befinden, alle Rechte und Pflichten nach dieser Verfassung.

(2) In der Republik Bulgarien weilende Ausländer genießen alle Rechte und Pflichten nach dieser Verfassung, ausgenommen die Rechte und Pflichten, für die die Verfassung und die Gesetze die bulgarische Staatsangehörigkeit verlangen.

Art. 27. (1) In Bulgarien legal weilende Ausländer dürfen nicht des Landes verwiesen oder gegen ihren Willen einem anderen Staat ausgeliefert werden, außer unter den Bedingungen und in der Weise, die durch Gesetz bestimmt sind.

(2) Die Republik Bulgarien gewährt Ausländern Asyl, die wegen ihrer Gesinnung oder Tätigkeit zur Verteidigung völkerrechtlich anerkannter Rechte und Freiheiten verfolgt werden.

(3) Die Bedingungen und die Verfahrensweise für die Gewährung von Asyl werden durch Gesetz bestimmt.

Art. 28. Jeder hat das Recht auf Leben. Der Anschlag auf das Menschenleben wird als schwerstes Verbrechen geahndet.

Art. 29. (1) Niemand darf Foltern, einer grausamen, unmenschlichen oder erniedrigenden Behandlung sowie der gewaltsamen Assimilation unterworfen werden.

(2) Niemand darf ohne seine freiwillige schriftliche Zustimmung medizinischen, wissenschaftlichen oder anderen Experimenten unterworfen werden.

Art. 30. (1) Jedermann hat das Recht auf persönliche Freiheit und Unantastbarkeit seiner Person.

(2) Niemand darf festgenommen, untersucht, durchsucht oder einem anderen Anschlag auf die Unantastbarkeit seiner Person unterworfen werden, außer unter den Bedingungen und in der Weise, die durch Gesetz bestimmt sind.

(3) In den vom Gesetz ausdrücklich festgelegten dringenden Fällen können die zuständigen Staatsorgane einen Bürger festnehmen, worüber sie die Justizbehörden umgehend zu informieren haben. Innerhalb von 24 Stunden nach der Festnahme hat die Justizbehörde über ihre Rechtmäßigkeit zu befinden.

(4) Jedermann hat das Recht auf Rechtsbeistand vom Zeitpunkt der Festnahme oder der Anklageerhebung.

(5) Jedermann kann unter vier Augen mit der Person zusammenkommen, die seine Verteidigung übernommen hat. Das Geheimnis ihrer Mitteilungen ist unantastbar.

Art. 31. (1) Jeder einer Straftat Beschuldigte ist innerhalb der gesetzlich festgelegten Frist den Justizbehörden zu übergeben.

(2) Niemand darf gezwungen werden, sich schuldig zu bekennen, oder nur auf der Grundlage seines Selbstgeständnisses verurteilt werden.

(3) Der Angeklagte gilt als unschuldig bis zum Nachweis des Gegenteils durch ein rechtskräftiges Urteil.

(4) Einschränkungen der Rechte des Angeklagten, die über das für die Rechtsprechung erforderliche Maß hinausgehen, sind nicht zulässig.

(5) Den mit einer Freiheitsstrafe belegten Personen sind Bedingungen zur Ausübung ihrer Grundrechte zu gewähren, die von dem Urteil nicht betroffen sind.

(6) Der Freiheitsentzug findet nur an Stellen statt, die durch Gesetz bestimmt sind.

(7) Die Strafverfolgung und der Strafvollzug für Verbrechen gegen den Frieden und die Menschheit unterliegen nicht der Verjährung.

Art. 32. (1) Das Privatleben der Bürger ist unantastbar. Jedermann hat das Recht auf Schutz vor gesetzwidriger Einmischung in sein Privat- und Familienleben und vor Angriffen auf seine Ehre, seine Würde und seinen guten Ruf.

(2) Niemand darf ohne sein Wissen oder trotz seines ausdrücklichen Nichteinverständnisses überwacht, fotografiert, gefilmt, aufgezeichnet oder anderen ähnlichen Handlungen unterworfen werden, außer in den vom Gesetz vorgesehenen Fällen.

Art. 33. (1) Die Wohnung ist unverletzlich. Niemand darf sie ohne Einverständnis des Bewohners betreten oder darin weilen, außer in den vom Gesetz ausdrücklich festgelegten Fällen.

(2) Das Betreten oder der Aufenthalt in der Wohnung ohne Einverständnis des Bewohners oder ohne Genehmigung der Justizbehörde ist nur zur Verhinderung einer unmittelbar bevor-

stehenden oder begonnenen Straftat, zur Festnahme des Täters sowie in den Fällen von Notstand zulässig.

Art. 34. (1) Die Freiheit und das Geheimnis der Korrespondenz und der anderen Mitteilungen sind unverletzlich.

(2) Ausnahmen von dieser Regel sind nur mit Genehmigung der Justizbehörde zulässig, wenn dies zur Aufklärung oder Verhinderung von Kapitalverbrechen notwendig ist.

Art. 35. (1) Jeder hat das Recht, seinen Wohnsitz frei zu wählen, sich auf dem Territorium des Landes frei zu bewegen und es zu verlassen. Dieses Recht darf nur durch ein Gesetz, zum Schutz der nationalen Sicherheit, der Volksgesundheit sowie der Rechte und Freiheiten anderer Bürger eingeschränkt werden.

(2) Jeder bulgarische Bürger hat das Recht, in das Land zurückzukehren.

Art. 36. (1) Das Erlernen und der Gebrauch der bulgarischen Sprache sind das Recht und die Pflicht der bulgarischen Bürger.

(2) Bürger, für die Bulgarisch nicht Muttersprache ist, haben das Recht, neben dem obligatorischen Erlernen des Bulgarischen auch ihre Sprache zu erlernen und zu gebrauchen.

(3) Die Fälle, in denen nur die Amtssprache zu benutzen ist, werden durch Gesetz bestimmt.

Art. 37. (1) Die Gewissensfreiheit, die Gedankenfreiheit und die freie Wahl der Konfession sowie religiöser oder atheistischer Anschauungen sind unverletzlich. Der Staat fördert die Toleranz und die gegenseitige Achtung unter Angehörigen verschiedener Konfessionen sowie unter Gläubigen und Atheisten.

(2) Die Gewissens- und die Glaubensfreiheit dürfen sich nicht gegen die nationale Sicherheit, die öffentliche Ordnung, die Volksgesundheit, die öffentliche Moral oder gegen die Rechte und Freiheiten anderer Bürger richten.

Art. 38. Niemand darf wegen seiner Gesinnung verfolgt oder in seinen Rechten eingeschränkt noch verpflichtet oder gezwungen werden, Angaben über seine Gesinnung oder die anderer zu machen.

Art. 39. (1) Jeder hat das Recht, seine Meinung zu äußern und sie schriftlich oder mündlich, per Tonträger, Bild oder auf andere Weise zu verbreiten.

(2) Dieses Recht darf nicht zur Verletzung der Rechte und des guten Rufs anderer Personen sowie zum Aufruf zu gewaltsamer

Änderung der verfassungsmäßigen Ordnung, zur Begehung von Straftaten, der Schürung von Haß oder der Gewaltausübung gegenüber der Persönlichkeit genutzt werden.

Art. 40. (1) Die Presse und die anderen Massenmedien sind frei und unterliegen nicht der Zensur.

(2) Die Einstellung und die Beschlagnahme eines Presseerzeugnisses oder eines anderen Informationsträgers sind nur auf der Grundlage eines Gerichtsaktes zulässig, wenn gegen die guten Sitten verstoßen oder zu gewaltsamer Änderung der verfassungsmäßigen Ordnung, zur Begehung von Straftaten oder zur Gewaltausübung gegenüber der Persönlichkeit aufgerufen wird. Folgt innerhalb von 24 Stunden keine Beschlagnahme, so verliert die Einstellung ihre Wirksamkeit.

Art. 41. (1) Jeder hat das Recht, Informationen zu suchen, zu beschaffen und zu verbreiten. Die Ausübung dieses Rechts darf sich nicht gegen die Rechte und den guten Ruf anderer Bürger sowie gegen die nationale Sicherheit, die öffentliche Ordnung, die Volksgesundheit und die öffentliche Moral richten.

(2) Die Bürger haben das Recht auf Information seitens Staatsorgane oder Behörden zu Fragen, an denen sie ein legitimes Interesse haben, wenn die Information kein staatliches oder ein anderes vom Gesetz geschütztes Geheimnis darstellt bzw. nicht die Rechte anderer beeinträchtigt.

Art. 42. (1) Die Bürger, die das 18. Lebensjahr vollendet haben, ausgenommen die mit einem amtlichen Verfügungsverbot belasteten sowie die eine Freiheitsstrafe abbüßenden Personen, haben das Recht, staatliche und örtliche Organe zu wählen und an Volksbefragungen teilzunehmen.

(2) Die Organisation und die Weise der Durchführung von Wahlen und Referenden werden durch Gesetz bestimmt.

Art. 43. (1) Die Bürger haben das Recht, sich friedlich und ohne Waffen zu Versammlungen und Kundgebungen zusammenzufinden.

(2) Die Verfahrensweise für die Organisation und die Durchführung von Versammlungen und Kundgebungen wird durch Gesetz bestimmt.

(3) Versammlungen in geschlossenen Räumen bedürfen keiner Genehmigung.

Art. 44. (1) Die Bürger haben das Recht auf freie Vereinigung.

(2) Organisationen, deren Tätigkeit gegen die Souveränität, die territoriale Integrität des Landes sowie die Einheit der Nation, auf die Schürung von Rassen- oder Völkerhaß, von ethnischer oder religiöser Feindschaft, die Verletzung der Rechte und Freiheiten der Bürger ausgerichtet ist, wie auch Organisationen, die geheime oder paramilitärische Strukturen errichten oder ihre Ziele durch Gewalt zu verwirklichen suchen, sind verboten.

(3) Das Gesetz bestimmt die Organisationen, die der Eintragung bedürfen, die Verfahrensweise für ihre Auflösung sowie ihre Wechselbeziehungen zum Staat.

Art. 45. Die Bürger haben das Recht auf Beschwerden, Eingaben und Petitionen an die Staatsorgane.

Art. 46. (1) Die Ehe ist ein freiwilliger Bund zwischen Mann und Frau. Nur die Zivilehe ist gesetzlich.

(2) Die Ehegatten haben in der Ehe und der Familie die gleichen Rechte und Pflichten.

(3) Die Form der Ehe, die Bedingungen und die Verfahrensweise für ihre Schließung und ihre Auflösung, die persönlichen und vermögensrechtlichen Verhältnisse zwischen den Ehegatten werden durch Gesetz bestimmt.

Art. 47. (1) Pflege und Erziehung der Kinder bis zu ihrer Volljährigkeit sind das Recht und die Pflicht der Eltern. Sie werden vom Staat gefördert.

(2) Die Mutter genießt den besonderen Schutz des Staates, der ihr bezahlten Urlaub vor und nach der Geburt, kostenlose Geburtshilfe, erleichterte Arbeitsbedingungen und andere soziale Leistungen gewährt.

(3) Außereheliche Kinder haben die gleichen Rechte wie eheliche Kinder.

(4) Kinder, die ohne die Fürsorge ihrer Nächsten geblieben sind, stehen unter dem besonderen Schutz des Staates und der Gesellschaft.

(5) Die Bedingungen und die Verfahrensweise für die Einschränkung oder die Entziehung des elterlichen Sorgerechts werden durch Gesetz bestimmt.

Art. 48. (1) Die Bürger haben das Recht auf Arbeit. Dem Staat obliegt die Schaffung von Voraussetzungen für die Ausübung dieses Rechts.

(2) Der Staat schafft Voraussetzungen für die Ausübung des

Rechts auf Arbeit durch Personen mit körperlichen und geistigen Gebrechen.

(3) Jeder Bürger wählt frei seinen Beruf und seine Arbeitsstelle.

(4) Niemand darf zu einer bestimmten Arbeit gezwungen werden.

(5) Arbeiter und Angestellte haben das Recht auf gesunde und sichere Arbeitsbedingungen, auf Mindestlohn und eine angemessene Entlohnung sowie auf Erholung und Urlaub unter den Bedingungen und in der Weise, die durch Gesetz bestimmt sind.

Art. 49. (1) Arbeiter und Angestellte haben das Recht, sich zur Verteidigung ihrer Interessen auf dem Gebiet der Arbeit und der Sozialversicherung zu Gewerkschaften zusammenzuschließen.

(2) Arbeitgeber haben das Recht, sich zur Verteidigung ihrer wirtschaftlichen Interessen zusammenzuschließen.

Art. 50. Arbeiter und Angestellte haben das Recht auf Streik zur Verteidigung ihrer kollektiven ökonomischen und sozialen Interessen. Die Ausübung dieses Rechts erfolgt unter den Bedingungen und in der Weise, die durch Gesetz bestimmt sind.

Art. 51. (1) Die Bürger haben das Recht auf Sozialversicherung und Sozialfürsorge.

(2) Zeitweilig Arbeitslose haben das Recht auf Sozialleistungen unter den Bedingungen und in der Weise, die durch Gesetz bestimmt sind.

(3) Ältere Menschen, die keine Verwandten haben und ihren Unterhalt nicht aus ihrem Vermögen bestreiten können, sowie Personen mit körperlichen und geistigen Gebrechen stehen unter dem besonderen Schutz des Staates und der Gesellschaft.

Art. 52. (1) Die Bürger haben das Recht auf Krankenversicherung, die ihnen medizinische Hilfe garantiert, sowie auf kostenlose Inanspruchnahme medizinischer Leistungen unter den Bedingungen und in der Weise, die durch Gesetz bestimmt sind.

(2) Der Gesundheitsschutz für die Bürger wird aus dem Staatshaushalt, von den Arbeitgebern, aus persönlichen und kollektiven Versicherungsbeiträgen sowie anderen Quellen finanziert. Die Bedingungen und die Verfahrensweise werden durch Gesetz bestimmt.

(3) Dem Staat obliegen der Schutz der Gesundheit der Bürger sowie die Förderung von Sport und Tourismus.

(4) Niemand darf gegen seinen Willen einer Heilbehandlung oder Hygienemaßnahmen unterzogen werden, außer in den vom Gesetz vorgeschriebenen Fällen.

(5) Dem Staat obliegt die Kontrolle über alle Gesundheitseinrichtungen sowie über die Produktion und den Vertrieb von Arzneimitteln, Biopräparaten und medizinischer Technik.

Art. 53. (1) Jedermann hat das Recht auf Bildung.

(2) Die Schulbildung bis Vollendung des 16. Lebensjahrs ist obligatorisch.

(3) Die Grund- und Oberschulbildung an den staatlichen und kommunalen Schulen ist kostenlos. Unter durch ein Gesetz bestimmten Bedingungen ist das Studium an den staatlichen Hochschulen kostenlos.

(4) Die Hochschulen genießen akademische Autonomie.

(5) Bürger und Organisationen dürfen Schulen einrichten unter den Bedingungen und in der Weise, die durch Gesetz bestimmt sind. Der Unterricht an diesen Schulen muß den staatlichen Anforderungen genügen.

(6) Der Staat fördert die Bildung, indem er Schulen einrichtet und finanziert, begabte Schüler und Studenten besonders fördert und Voraussetzungen für fachliche Aus- und Weiterbildung schafft. Ihm obliegt die Kontrolle über alle Arten und Stufen von Schulen.

Art. 54. (1) Jedermann hat das Recht, die nationalen und die allgemeinmenschlichen Kulturwerte zu nutzen und sich entsprechend seiner ethnischen Zugehörigkeit kulturell zu betätigen, was vom Gesetz anerkannt und gewährleistet wird.

(2) Die Freiheit des künstlerischen, wissenschaftlichen und technischen Schöpfertums wird vom Gesetz anerkannt und gewährleistet.

(3) Die Autoren- und Urheberrechte sowie die mit ihnen verwandten Rechte stehen unter dem Schutz des Gesetzes.

Art. 55. Die Bürger haben das Recht auf eine gesunde und angenehme Umwelt entsprechend den bestehenden Standards und Normen. Sie sind zum Schutz der Umwelt verpflichtet.

Art. 56. Jeder Bürger hat das Recht auf Verteidigung, wenn seine Rechte oder legitimen Interessen verletzt oder gefährdet werden. Er kann bei den staatlichen Behörden auch in Begleitung eines Verteidigers vorsprechen.

Art. 57. (1) Die Grundrechte der Bürger sind unaufhebbar.

(2) Der Mißbrauch von Rechten sowie ihre Ausübung zum Nachteil der Rechte oder legitimen Interessen anderer sind nicht zulässig.

(3) Bei Erklärung von Krieg, Verhängung des Kriegsrechts oder eines anderen Ausnahmezustands kann die Ausübung einzelner Bürgerrechte durch Gesetz zeitweilig eingeschränkt werden, ausgenommen die Rechte nach Art. 28, 29, 31, Abs. 1, 2 und 3, Art. 32 Abs. 1 und Art. 37.

Art. 58. (1) Die Bürger sind verpflichtet, die Verfassung und die Gesetze einzuhalten und zu befolgen. Sie sind verpflichtet, die Rechte und die legitimen Interessen anderer zu achten.

(2) Die religiösen und anderen Überzeugungen können nicht als Grund für die Weigerung vorgebracht werden, die in der Verfassung und den Gesetzen verankerten Pflichten zu erfüllen.

Art. 59. (1) Die Verteidigung des Vaterlandes ist die Ehrenpflicht eines jeden bulgarischen Bürgers. Hoch- und Landesverrat sind schwerste Verbrechen und werden mit aller Strenge des Gesetzes geahndet.

(2) Die Wehrdienstverpflichtungen, die Bedingungen und die Verfahrensweise für die Freistellung von ihnen oder für die Leistung eines Ersatzdienstes werden durch Gesetz geregelt.

Art. 60. (1) Die Bürger sind verpflichtet, durch Gesetz festgelegte Steuern und Gebühren entsprechend ihrem Einkommen und Vermögen zu zahlen.

(2) Steuererleichterungen und Steuererschwerungen können nur durch Gesetz eingeführt werden.

Art. 61. Die Bürger sind verpflichtet, im Falle von Natur- und anderen Katastrophen dem Staat und der Gesellschaft Unterstützung zu leisten. Bedingungen und Verfahrensweise werden durch Gesetz bestimmt.

Kapitel 3

VOLKSVERSAMMLUNG

Art. 62. Die Volksversammlung übt die Gesetzgebungsgewalt und die parlamentarische Kontrolle aus.

Art. 63. Die Volksversammlung setzt sich aus 240 Abgeordneten zusammen.

Art. 64. (1) Die Volksversammlung wird auf die Dauer von vier Jahren gewählt.

(2) Im Falle eines Krieges, des Kriegsrechts oder eines anderen Ausnahmezustands, der während oder nach Ablauf des Mandats der Volksversammlung eingetreten bzw. verhängt worden ist, wird die Legislaturperiode bis zur Beendigung dieses Zustands verlängert.

(3) Die Wahlen zu einer neuen Volksversammlung sind spätestens zwei Monate nach Ablauf der Legislaturperiode der alten durchzuführen.

Art. 65. (1) Zum Abgeordneten kann jeder bulgarische Staatsangehörige gewählt werden, der keine andere Staatsangehörigkeit besitzt, das 21. Lebensjahr vollendet hat, nicht unter amtlichem Verfügungsverbot steht und keine Freiheitsstrafe verbüßt.

2) Kandidaten für die Volksversammlung, die ein öffentliches Amt bekleiden, müssen dieses nach ihrer Registrierung niederlegen.

Art. 66. Die Legitimität der Wahlen kann in der gesetzlich vorgeschriebenen Weise vor dem Verfassungsgericht angefochten werden.

Art. 67. (1) Die Abgeordneten repräsentieren nicht nur ihre Wähler, sondern das ganze Volk. Das imperative Mandat ist unwirksam.

(2) Die Abgeordneten handeln gemäß der Verfassung und den Gesetzen nach ihrem Gewissen und ihrer Gesinnung.

Art. 68. (1) Die Abgeordneten dürfen kein anderes öffentliches Amt bekleiden bzw. keine Tätigkeit ausüben, die laut Gesetz mit der Stellung eines Abgeordneten unvereinbar ist.

(2) Ein Abgeordneter, der zum Minister gewählt worden ist, hat sein Mandat für die Zeit, in der er Minister ist, niederzulegen.

In diesem Fall ist in der gesetzlich vorgeschriebenen Weise ein Vertreter zu bestimmen.

Art. 69. Die Abgeordneten tragen keine strafrechtliche Verantwortung für ihre Meinungsäußerungen und Abstimmungen in der Volksversammlung.

Art. 70. Die Abgeordneten dürfen nicht verhaftet oder strafrechtlich verfolgt werden außer bei schweren Verbrechen, und zwar nur mit Genehmigung der Volksversammlung oder, wenn diese nicht tagt, des Vorsitzenden der Volksversammlung. Eine Genehmigung zur Festnahme ist bei einem in der Vergangenheit begangenen schweren Verbrechen nicht erforderlich, doch sind in einem solchen Fall die Volksversammlung oder, wenn diese nicht tagt, der Vorsitzende der Volksversammlung umgehend zu benachrichtigen.

Art. 71. Die Abgeordneten erhalten eine Vergütung, deren Höhe von der Volksversammlung festgelegt wird.

Art. 72. (1) Das Mandat eines Abgeordneten kann vorfristig beendet werden, wenn:

1. er seinen Rücktritt bei der Volksversammlung einreicht;
2. wegen eines vorsätzlichen Verbrechens ein Urteil über Freiheitsentzug in Kraft getreten ist oder wenn der Vollzug der Freiheitsstrafe nicht ausgesetzt worden ist;
3. Wahlunfähigkeit oder Unvereinbarkeit festgestellt worden sind;
4. im Todesfall.

(2) In den unter Punkt 1 und 2 genannten Fällen wird der Beschluß von der Volksversammlung gefaßt, und in den Fällen nach Punkt 3 – vom Verfassungsgericht.

Art. 73. Organisation und Tätigkeit der Volksversammlung beruhen auf der Verfassung und einer von der Volksversammlung angenommenen Geschäftsordnung.

Art. 74. Die Volksversammlung ist ein ständiges Organ. Sie entscheidet selbst, wann sie nicht tagt.

Art. 75. Spätestens einen Monat nach den Wahlen wird die neugewählte Volksversammlung vom Präsidenten der Republik zur ersten Sitzung einberufen. Falls der Präsident die Volksversammlung innerhalb der genannten Frist nicht einberuft, so wird sie von einem Fünftel der Abgeordneten einberufen.

Art. 76. (1) Die erste Sitzung der Volksversammlung wird durch den ältesten anwesenden Abgeordneten eröffnet.

(2) Auf der ersten Sitzung legen die Abgeordneten folgenden Eid ab: „Ich schwöre im Namen der Republik Bulgarien, die Verfassung und die Gesetze des Landes zu wahren und mich in allen meinen Handlungen von den Interessen des Volkes leiten zu lassen. Ich habe geschworen!"

(3) Auf derselben Sitzung der Volksversammlung werden der Vorsitzende und die stellvertretenden Vorsitzenden gewählt.

Art. 77. (1) Der Vorsitzende der Volksversammlung

1. repräsentiert die Volksversammlung;
2. legt die Tagesordnungsentwürfe vor;
3. eröffnet, leitet und schließt die Sitzungen der Volksversammlung und sorgt für Ordnung bei deren Durchführung;
4. bestätigt durch seine Unterschrift den Inhalt der von der Volksversammlung verabschiedeten Akte;
5. macht die von der Volksversammlung angenommenen Beschlüsse, Deklarationen und Aufrufe bekannt;
6. regelt die internationalen Beziehungen der Volksversammlung.

(2) Die stellvertretenden Vorsitzenden der Volksversammlung unterstützen den Vorsitzenden und führen die Tätigkeiten aus, die er ihnen überträgt.

Art. 78. Die Volksversammlung wird von ihrem Vorsitzenden zur Sitzung einberufen:

1. auf dessen eigene Initiative;
2. auf Verlangen eines Fünftels der Abgeordneten;
3. auf Verlangen des Präsidenten;
4. auf Verlangen des Ministerrates.

Art. 79. (1) Die Volksversammlung wählt aus ihrer Mitte ständige und Interimsausschüsse.

(2) Die ständigen Ausschüsse unterstützen die Volksversammlung in ihrer Arbeit und üben in ihrem Namen die parlamentarische Kontrolle aus.

(3) Interimsausschüsse werden zur Durchführung von Untersuchungen und Umfragen gewählt.

Art. 80. Amtspersonen und Bürger sind verpflichtet, wenn sie vorgeladen werden, vor den parlamentarischen Ausschüssen zu erscheinen und ihnen die geforderten Informationen und Dokumente zur Verfügung zu stellen.

Art. 81. (1) Die Volksversammlung kann Sitzungen durchführen und ist beschlußfähig, wenn mehr als die Hälfte der Abgeordneten anwesend sind.

(2) Die Volksversammlung verabschiedet die Gesetze und die anderen Akte mit einer Mehrheit von mehr als der Hälfte der Stimmen der anwesenden Abgeordneten, es sei denn, die Verfassung erfordert eine andere Mehrheit.

(3) Die Abstimmung ist persönlich und offen, außer wenn die Verfassung die geheime Abstimmung vorsieht oder die Volksversammlung dies beschließt.

Art. 82. Die Sitzungen der Volksversammlung sind öffentlich. In Ausnahmefällen kann die Volksversammlung beschließen, daß einzelne Sitzungen unter Ausschluß der Öffentlichkeit durchgeführt werden.

Art. 83. (1) Die Mitglieder des Ministerrats können an Sitzungen der Volksversammlung und der parlamentarischen Ausschüsse teilnehmen. Auf ihr Verlangen wird ihnen das Wort mit Vorrang erteilt.

(2) Die Volksversammlung und die parlamentarischen Ausschüsse können die Minister verpflichten, auf bestimmten Sitzungen zu erscheinen und die ihnen gestellten Fragen zu beantworten.

Art. 84. Die Volksversammlung:

1. verabschiedet, ändert, ergänzt und hebt Gesetze auf;
2. verabschiedet den Staatshaushalt und nimmt die Staatshaushaltsbilanz entgegen;
3. legt die Steuern und ihre Höhe fest;
4. schreibt die Präsidentschaftswahlen aus;
5. beschließt die Durchführung von Volksentscheiden;
6. wählt und enthebt den Ministerpräsidenten und auf dessen Vorschlag – den Ministerrat; nimmt auf Vorschlag des Ministerpräsidenten Veränderungen in der Regierung vor;
7. errichtet, reorganisiert und schließt Ministerien auf Vorschlag des Ministerpräsidenten;
8. wählt und enthebt die Leiter der Bulgarischen Nationalbank und anderer vom Gesetz bestimmter Institutionen;
9. genehmigt die Aufnahme von Staatsanleihen;

10. entscheidet die Fragen im Zusammenhang mit Kriegserklärungen und Friedensschlüssen;

11. genehmigt die Entsendung und den Einsatz bulgarischer Streitkräfte im Ausland sowie den Aufenthalt ausländischer Truppen auf dem Territorium des Landes oder ihre Durchfahrt durchs Land;

12. verhängt auf Vorschlag des Präsidenten oder des Ministerrates das Kriegsrecht oder einen anderen Ausnahmezustand über das gesamte Landesterritorium oder einen Teil davon;

13. erläßt Amnestien;

14. stiftet Orden und Medaillen;

15. bestimmt die offiziellen Feiertage.

Art. 85. (1) Die Volksversammlung ratifiziert bzw. kündigt durch Gesetz internationale Verträge, die:

1. politischen oder militärischen Charakter haben;

2. die Teilnahme der Republik Bulgarien an internationalen Organisationen betreffen;

3. eine Korrektur der Staatsgrenzen der Republik Bulgarien vorsehen;

4. finanzielle Verpflichtungen für den Staat enthalten;

5. die Beteiligung des Staates an der Regelung internationaler Streitigkeiten auf dem Schiedsgerichts- oder dem Gerichtswege vorsehen;

6. die Grundrechte des Menschen betreffen;

7. die Wirkungskraft des Gesetzes betreffen oder legislative Maßnahmen zu ihrer Durchführung erforderlich machen;

8. ausdrücklich als der Ratifizierung bedürftig gekennzeichnet sind.

(2) Von der Volksversammlung ratifizierte Verträge können nur in der in den Verträgen selbst vorgesehenen Weise oder in Übereinstimmung mit den allgemein anerkannten völkerrechtlichen Normen geändert oder gekündigt werden.

(3) Vor dem Abschluß internationaler Verträge, die gewisse Verfassungsänderungen erforderlich machen, sind zunächst die betreffenden Änderungen vorzunehmen.

Art. 86. (1) Die Volksversammlung verabschiedet Gesetze, faßt Beschlüsse, nimmt Deklarationen und Aufrufe an.

(2) Die von der Volksversammlung angenommenen Gesetze

und Beschlüsse sind für alle staatlichen Organe, Organisationen und für die Bürger verbindlich.

Art. 87. (1) Ein Recht auf Gesetzesinitiative haben jeder Abgeordnete sowie der Ministerrat.

(2) Der Gesetzentwurf für den Staatshaushalt wird vom Ministerrat ausgearbeitet und eingebracht.

Art. 88. (1) Die Gesetze werden erörtert und in zwei Abstimmungen auf zwei getrennten Sitzungen verabschiedet. In Ausnahmefällen kann die Volksversammlung beschließen, daß beide Abstimmungen in einer Sitzung stattfinden.

(2) Die anderen Akte der Volksversammlung werden in einer Abstimmung angenommen.

(3) Die angenommenen Akte sind spätestens 15 Tage nach ihrer Verabschiedung im Gesetzblatt bekanntzumachen.

Art. 89. (1) Ein Fünftel der Abgeordneten kann in der Volksversammlung einen Antrag zu einem Mißtrauensvotum für den Ministerrat einbringen. Der Antrag gilt als angenommen, wenn mehr als die Hälfte der Abgeordneten dafür gestimmt haben.

(2) Wenn die Volksversammlung ein Mißtrauensvotum für den Ministerpräsidenten oder den Ministerrat beschließt, hat der Ministerpräsident den Rücktritt der Regierung einzureichen.

(3) Wird ein Antrag zu einem Mißtrauensvotum für den Ministerrat von der Volksversammlung zurückgewiesen, so darf in den nächsten sechs Monaten kein neuer Mißtrauensantrag mit derselben Begründung eingebracht werden.

Art. 90. (1) Die Abgeordneten haben das Recht, Anfragen an den Ministerrat oder an einzelne Minister zu richten, die zu einer Antwort verpflichtet sind.

(2) Auf Vorschlag eines Fünftels der Abgeordneten wird über die Anfrage diskutiert und ein Beschluß gefaßt.

Art. 91. (1) Die Volksversammlung wählt einen Rechnungshof, der die Haushaltsführung überwacht.

(2) Organisation, Rechtsbefugnisse und Arbeitsordnung des Rechnungshofes werden durch Gesetz geregelt.

Kapitel 4

DER PRÄSIDENT DER REPUBLIK

Art. 92. (1) Der Präsident ist das Staatsoberhaupt. Er verkörpert die Einheit der Nation und repräsentiert die Republik Bulgarien in den internationalen Beziehungen.

(2) Der Präsident wird in seiner Tätigkeit von einem Stellvertreter unterstützt.

Art. 93 (1) Der Präsident wird in direkten Wahlen auf die Dauer von fünf Jahren in der gesetzlich vorgeschriebenen Weise gewählt.

(2) Zum Präsidenten kann jeder bulgarische Staatsangehörige von Geburt gewählt werden, der das 40. Lebensjahr vollendet hat, den Bedingungen für die Abgeordnetenwahl entspricht und die letzten fünf Jahre im Lande gelebt hat.

(3) Gewählt ist, wer mehr als die Hälfte der gültigen Stimmen erhält, wenn mehr als die Hälfte der Wähler gestimmt haben.

(4) Wird keiner der Bewerber gewählt, findet innerhalb von sieben Tagen ein weiterer Wahlgang für die zwei Bewerber statt, die die meisten Stimmen erhalten haben. Gewählt ist der Bewerber, der die meisten Stimmen auf sich vereinigt.

(5) Die Wahl des neuen Präsidenten findet frühestens drei Monate und spätestens zwei Monate vor Ablauf des Mandats des amtierenden Präsidenten statt.

(6) Streitigkeiten in betreff der Gesetzlichkeit der Präsidentenwahl sind innerhalb eines Monats nach den Wahlen durch das Verfassungsgericht zu entscheiden.

Art. 94. Der Vizepräsident wird gleichzeitig und in einer Liste mit dem Präsidenten unter den für die Präsidentenwahl gültigen Bedingungen und in der vorgeschriebenen Weise gewählt.

Art. 95. (1) Präsident und Vizepräsident können in das gleiche Amt nur für ein weiteres Mandat wiedergewählt werden.

(2) Präsident und Vizepräsident dürfen keine Abgeordnete sein, keine anderen staatlichen, gesellschaftlichen und wirtschaftlichen Tätigkeiten ausüben und nicht der Leitung politischer Parteien angehören.

Art. 96. Präsident und Vizepräsident leisten vor der Volksversammlung den Eid nach Art. 76 Abs. 2.

Art. 97. (1) Die Befugnisse des Präsidenten und des Vizepräsidenten enden vorzeitig:

1. bei Anmeldung des Rücktritts vor dem Verfassungsgericht;
2. bei fortwährender Amtsunfähigkeit wegen schwerer Erkrankung;
3. unter den Bedingungen des Art. 103;
4. bei Tod.

(2) Die Befugnisse des Präsidenten und des Vizepräsidenten enden in den Fällen unter P. 1 und 2 mit der Feststellung der darin genannten Tatsachen durch das Verfassungsgericht.

(3) In Fällen des Abs. 1 übernimmt der Vizepräsident das Amt des Präsidenten bis zum Ablauf des Mandats.

(4) Im Falle der Verhinderung des Vizepräsidenten, das Amt zu übernehmen, werden die Befugnisse des Präsidenten durch den Vorsitzenden der Volksversammlung bis zur Wahl des Präsidenten und des Vizepräsidenten wahrgenommen. In diesem Fall sind innerhalb von zwei Monaten Wahlen für den Präsidenten und den Vizepräsidenten durchzuführen.

Art. 98. Der Präsident der Republik:

1. schreibt die Wahlen zur Volksversammlung und zu den örtlichen Selbstverwaltungsorganen aus und legt das Datum zur Durchführung eines durch die Volksversammlung beschlossenen Volksentscheids fest;
2. richtet an das Volk und die Volksversammlung Appelle;
3. schließt in den durch Gesetz bestimmten Fällen internationale Verträge;
4. macht die Gesetze bekannt;
5. bestätigt Änderungen von Grenzen und Zentren der administrativ-territorialen Einheiten auf Vorschlag des Ministerrates;
6. ernennt und entläßt auf Vorschlag des Ministerrates die Leiter diplomatischer Vertretungen sowie die ständigen Vertreter der Republik Bulgarien in den internationalen Organisationen und nimmt Beglaubigungs- und Abberufungsschreiben der im Lande akkreditierten ausländischen diplomatischen Vertreter entgegen;
7. ernennt und entläßt andere Staatsbeamte, die gesetzlich bestimmt sind;
8. verleiht Orden und Medaillen;

9. gewährt und restituiert die bulgarische Staatsangehörigkeit, entzieht sie und entläßt aus ihr;

10. gewährt Asyl;

11. übt das Begnadigungsrecht aus;

12. erläßt uneinbringliche Schulden gegenüber dem Staat;

13. benennt Objekte von nationaler Bedeutung und Ortschaften;

14. unterrichtet die Volksversammlung über Grundfragen im Bereiche seiner Befugnisse.

Art. 99. (1) Nach Konsultationen mit den Parlamentsfraktionen erteilt der Präsident dem Anwärter auf das Amt des Ministerpräsidenten, der von der stärksten Parlamentsfraktion vorgeschlagen wird, den Auftrag, die Regierung zu bilden.

(2) Gelingt es dem Anwärter auf das Amt des Ministerpräsidenten nicht, innerhalb von sieben Tagen die Zusammensetzung des Ministerrates vorzuschlagen, hat der Präsident damit den von der zweitstärksten Parlamentsfraktion genannten Anwärter auf das Amt des Ministerpräsidenten zu beauftragen.

(3) Sollte auch in diesem Fall kein Ministerrat zustandekommen, hat der Präsident innerhalb der Frist des vorstehenden Absatzes die nächststärkste Parlamentsfraktion mit der Benennung eines Anwärters auf das Amt des Ministerpräsidenten zu beauftragen.

(4) Ist das Sondierungsmandat erfolgreich abgeschlossen, schlägt der Präsident der Volksversammlung vor, den Anwärter auf das Amt des Ministerpräsidenten zu wählen.

(5) Wird kein Einvernehmen zur Frage der Regierungsbildung erzielt, hat der Präsident eine Interimsregierung einzusetzen, die Volksversammlung aufzulösen und innerhalb der Frist des Art. 64 Abs. 3 Neuwahlen auszuschreiben. In dem Akt, mit dem der Präsident die Volksversammlung auflöst, werden auch die Wahlen zur neuen Volksversammlung anberaumt.

(6) Die Vorschriften zur Regierungsbildung nach vorstehenden Absätzen finden auch in Fällen des Art. 111 Abs. 1 entsprechende Anwendung.

(7) In Fällen der Absätze 5 und 6 darf der Präsident in den letzten drei Monaten seiner Amtszeit die Volksversammlung nicht auflösen. Kann das Parlament innerhalb dieser Frist keine Regierung bilden, hat der Präsident eine Interimsregierung einzusetzen.

Art. 100. (1) Der Präsident ist Oberster Befehlshaber der Streitkräfte der Republik Bulgarien.

(2) Der Präsident ernennt und entläßt auf Vorschlag des Ministerrates die Mitglieder des Oberkommandos der Streitkräfte und verleiht hohe militärische Dienstgrade.

(3) Der Präsident ist Vorsitzender des Konsultativrates für Nationale Sicherheit, dessen Status durch Gesetz bestimmt wird.

(4) Der Präsident verkündet auf Vorschlag des Ministerrates auf der Grundlage des Gesetzes die allgemeine oder teilweise Mobilmachung.

(5) Der Präsident verkündet bzw. verhängt bei bewaffnetem Überfall auf das Land oder im Dringlichkeitsfall der Erfüllung internationaler Verpflichtungen den Kriegszustand, das Kriegsrecht oder einen anderen Ausnahmezustand, wenn die Volksversammlung nicht tagt. In diesen Fällen ist sie unverzüglich einzuberufen, damit sie zu dem Beschluß Stellung nimmt.

Art. 101. (1) Innerhalb der Frist des Art. 88 Abs. 3 kann der Präsident mit seiner Begründung ein Gesetz an die Volksversammlung zurückverweisen, was ihm nicht abgewiesen werden kann.

(2) Die Volksversammlung hat das Gesetz mit einer Mehrheit von mehr als der Hälfte aller Abgeordneten erneut zu verabschieden.

(3) Das von der Volksversammllung erneut verabschiedete Gesetz ist innerhalb von sieben Tagen nach seinem Erhalt durch den Präsidenten bekanntzumachen.

Art. 102. (1) In Erfüllung seiner Befugnisse gibt der Präsident Erlasse heraus und richtet Appelle und Botschaften an die Bevölkerung.

(2) Die Erlasse sind von dem Ministerpräsidenten oder dem jeweiligen Minister gegenzuzeichnen.

(3) Keiner Gegenzeichnung bedürfen Erlasse, mit denen der Präsident:

1. die Interimsregierung einsetzt;
2. das Sondierungsmandat zur Regierungsbildung erteilt;
3. die Volksversammlung auflöst;
4. ein von der Volksversammlung verabschiedetes Gesetz zur erneuten Erörterung zurückverweist;

5. die Organisation und die Geschäftsordnung der Präsidialinstitutionen festlegt und das Personal einstellt;

6. Wahlen und einen Volksentscheid anberaumt;

7. Gesetze bekanntmacht.

Art. 103. (1) Präsident und Vizepräsident haften nicht für Tätigkeiten in Erfüllung ihrer Funktionen mit Ausnahme von Fällen wie Hochverrat und Verletzung der Verfassung.

(2) Der Antrag auf Erhebung von Anklage muß von mindestens einem Viertel der Abgeordneten gestellt werden und wird von der Volksversammlung beschlossen, wenn mehr als zwei Drittel der Abgeordneten dafür gestimmt haben.

(3) Das Verfassungsgericht hat die Klage gegen den Präsidenten oder den Vizepräsidenten innerhalb eines Monats nach deren Einbringung zu behandeln. Stellt das Gericht fest, daß der Präsident oder der Vizepräsident Hochverrat begangen oder die Verfassung verletzt haben, werden ihnen die Befugnisse entzogen.

(4) Präsident und Vizepräsident dürfen nicht verhaftet und nicht strafrechtlich verfolgt werden.

Art. 104. Der Präsident kann seine Befugnisse gemäß Art. 98 P. 7, 9, 10 und 11 dem Vizepräsidenten übertragen.

Kapitel 5

MINISTERRAT

Art. 105. (1) Der Ministerrat bestimmt und realisiert die Innen- und die Außenpolitik des Landes in Übereinstimmung mit der Verfassung und den Gesetzen.

(2) Der Ministerrat gewährleistet die öffentliche Ordnung und die nationale Sicherheit und verwirklicht die Gesamtleitung der staatlichen Administration und der Streitkräfte.

Art. 106. Der Ministerrat leitet die Durchführung des Staatshaushalts; organisiert die Bewirtschaftung des staatlichen Eigentums; schließt, bestätigt und kündigt internationale Verträge in den im Gesetz vorgesehenen Fällen.

Art. 107. Der Ministerrat hebt die von den Ministern erlassenen gesetzwidrigen oder unrechtmäßigen Akte auf.

Art. 108. (1) Der Ministerrat besteht aus dem Ministerpräsidenten, den Stellvertretern des Ministerpräsidenten und den Ministern.

(2) Der Ministerpräsident leitet und koordiniert die allgemeine Politik der Regierung und ist für diese verantwortlich. Er ernennt und entläßt die stellvertretenden Minister.

(3) Die Minister leiten die einzelnen Ministerien, es sei denn, die Volksversammlung beschließt etwas anderes. Sie sind für ihre Handlungen verantwortlich.

Art. 109. Die Mitglieder des Ministerrats legen vor der Volksversammlung den Eid gemäß Art. 76 Abs. 2 ab.

Art. 110. Mitglieder des Ministerrats können nur bulgarische Staatsangehörige sein, die die Bedingungen für die Wahl zum Abgeordneten erfüllen.

Art. 111. (1) Das Mandat des Ministerrats erlischt:

1. durch ein Mißtrauensvotum für den Ministerrat oder den Ministerpräsidenten;
2. mit der Annahme des Rücktritts des Ministerrates oder des Ministerpräsidenten;
3. beim Ableben des Ministerpräsidenten.

(2) Der Ministerrat reicht seinen Rücktritt bei der neugewählten Volksversammlung ein.

(3) In Fällen der vorstehenden Absätze nimmt der Ministerrat seine Funktionen bis zur Wahl des neuen Ministerrats wahr.

Art. 112. (1) Der Ministerrat kann von der Volksversammlung ein Vertrauensvotum für die gesamte Politik, für das Programm oder aus einem konkreten Anlaß verlangen. Der Beschluß wird mit einer Mehrheit von mehr als der Hälfte der Stimmen aller anwesenden Abgeordneten gefaßt.

(2) Erhält der Ministerrat das geforderte Vertrauensvotum nicht, so hat der Ministerpräsident den Rücktritt der Regierung einzureichen.

Art. 113. (1) Die Mitglieder des Ministerrates können keine Funktionen bekleiden bzw. Tätigkeiten ausüben, die mit der Stellung eines Abgeordneten unvereinbar sind.

(2) Die Volksversammlung kann auch andere Funktionen und Tätigkeiten bestimmen, die Mitglieder des Ministerrats nicht ausüben dürfen.

Art. 114. Auf der Grundlage und in Erfüllung der Gesetze nimmt der Ministerrat Verordnungen, Verfügungen und Beschlüsse an. Durch Verordnungen erläßt der Ministerrat Bestimmungen und Anordnungen.

Art. 115. Die Minister erlassen Bestimmungen, Anordnungen, Dienstvorschriften und Verfügungen.

Art. 116. (1) Die Staatsbeamten erfüllen den Willen des Volkes und dienen den Interessen der Nation. Bei der Erfüllung ihrer Amtspflichten haben sie sich einzig vom Gesetz leiten zu lassen und müssen politische Neutralität wahren.

(2) Die Voraussetzungen, unter denen Staatsbeamte angestellt und entlassen, Mitglieder von politischen Parteien und Gewerkschaftsorganisationen werden bzw. von ihrem Streikrecht Gebrauch machen können, werden durch Gesetz geregelt.

Kapitel 6

JUDIKATIVE

Art. 117. (1) Die Judikative verteidigt die Rechte und die legitimen Interessen der Bürger, der juristischen Personen und des Staates.

(2) Die Judikative ist unabhängig. Bei der Ausübung ihrer Funktionen lassen sich die Richter, die Beisitzer, die Staatsanwälte und die Untersuchungsführer nur vom Gesetz leiten.

(3) Die Judikative hat einen eigenen Haushalt.

Art. 118. Die Rechtspflege erfolgt im Namen des Volkes.

Art. 119. (1) Die Rechtsprechung wird von dem Obersten Kassationsgericht, dem Obersten Verwaltungsgericht, den Appellations-, Bezirks-, Militär- und Kreisgerichten wahrgenommen.

(2) Durch Gesetz können auch Sondergerichte auf bestimmten Sachgebieten eingerichtet werden.

(3) Ausnahmegerichte sind nicht zugelassen.

Art. 120. (1) Den Gerichten obliegt die Kontrolle über die Gesetzlichkeit von Akten und Handlungen der Verwaltungsorgane.

(2) Bürger und juristische Personen dürfen gegen alle sie be-

treffenden Verwaltungsakte, mit Ausnahme der im Gesetz ausdrücklich erwähnten, Beschwerde einlegen.

Art. 121. (1) Die Gerichte haben den Parteien gleiche Behandlung und gleiche Bedingungen für einen kontradiktorischen Charakter des Prozesses zu gewährleisten.

(2) Das Verfahren hat der Wahrheitsfindung zu dienen.

(3) Die Verhandlung in allen Gerichten ist öffentlich, es sei denn, das Gesetz bestimmt etwas anderes.

(4) Die Akte der Rechtsprechung sind zu begründen.

Art. 122. (1) Bürger und juristische Personen haben in allen Etappen des Verfahrens das Recht auf Verteidigung.

(2) Der Modus für die Wahrnehmung des Rechtes auf Verteidigung wird durch Gesetz bestimmt.

Art. 123. In von dem Gesetz festgelegten Fällen nehmen an der Rechtsprechung auch Beisitzer teil.

Art. 124. Dem Obersten Kassationsgericht obliegt die oberste gerichtliche Aufsicht über die exakte und gleiche Anwendung der Gesetze durch alle Gerichte.

Art. 125. (1) Dem Obersten Verwaltungsgericht obliegt die oberste gerichtliche Aufsicht über die exakte und gleiche Anwendung der Gesetze in der Verwaltungsgerichtsbarkeit.

(2) Das Oberste Verwaltungsgericht entscheidet über Streitigkeiten betreffend die Gesetzlichkeit von Akten des Ministerrates und der Minister sowie anderer durch Gesetz bestimmten Akte.

Art. 126. (1) Die Struktur der Staatsanwaltschaft entspricht der der Gerichte.

(2) Dem Generalstaatsanwalt obliegt die Aufsicht über die Einhaltung der Gesetzlichkeit durch alle Staatsanwälte sowie die methodische Leitung ihrer Tätigkeit.

Art. 127. Die Staatsanwaltschaft überwacht die Einhaltung der Gesetzlichkeit, indem sie

1. Personen, die eine Straftat begangen haben, zur Verantwortung zieht und in Strafsachen allgemeiner Art die Anklage aufrechterhält;
2. die Aufsicht über den Vollzug von Straf- und anderen Zwangsmaßnahmen wahrnimmt;
3. Maßnahmen zur Aufhebung gesetzwidriger Akte ergreift;

4. in durch Gesetz bestimmten Fällen an Verfahren in Zivil- und Verwaltungssachen teilnimmt.

Art. 128. Die Untersuchungsorgane gehören zur Judikative. Ihnen obliegt die Durchführung des Voruntersuchungsverfahrens bei Strafsachen.

Art. 129. (1) Die Ernennung, Beförderung, Zurückstufung, Versetzung und Entlassung von Richtern, Staatsanwälten und Untersuchungsführern obliegt dem Obersten Justizrat.

(2) Der Vorsitzende des Obersten Kassationsgerichts, der Vorsitzende des Obersten Verwaltungsgerichts und der Generalstaatsanwalt werden auf Vorschlag des Obersten Justizrates vom Präsidenten der Republik ernannt und entlassen. Ihre Amtszeit beträgt sieben Jahre; eine Wiederwahl ist nicht möglich. Bei erneut eingebrachtem Vorschlag kann der Präsident nicht die Ernennung bzw. Entlassung ablehnen.

(3) Richter, Staatsanwälte und Untersuchungsführer werden nach drei Jahren im Amt unabsetzbar. Eine Entbindung von ihren Funktionen ist nur in folgenden Fällen möglich: Versetzung in den Ruhestand; Einreichen des Rücktritts; Inkrafttreten eines Urteils, mit dem eine Freiheitsstrafe wegen vorsätzlichen Verbrechens verhängt worden ist; dauerhafte (mehr als ein Jahr währende) faktische Amtsunfähigkeit.

Art. 130. (1) Der Oberste Justizrat hat 25 Mitglieder. Der Vorsitzende des Obersten Kassationsgerichts, der Vorsitzende des Obersten Verwaltungsgerichts und der Generalstaatsanwalt sind von Rechts wegen seine Mitglieder.

(2) Zu Mitgliedern des Obersten Justizrates, die ihm nicht von Rechts wegen angehören, werden Juristen mit hohen fachlichen und moralischen Qualitäten gewählt, die diesen Beruf seit mindestens 15 Jahren ausüben.

(3) Elf Mitglieder des Obersten Justizrates werden von der Volksversammlung gewählt und weitere elf von den Justizorganen.

(4) Die Amtszeit der gewählten Mitglieder des Obersten Justizrates beträgt fünf Jahre. Eine sofortige Wiederwahl ist nicht zulässig.

(5) Die Sitzungen des Obersten Justizrates werden vom Justizminister geleitet, der nicht an der Abstimmung teilnimmt.

Art. 131. Die Beschlüsse des Obersten Justizrates betreffend die Ernennung, Beförderung, Zurückstufung, Versetzung und Entlassung von Richtern, Staatsanwälten und Untersuchungsführern sowie die von ihm nach Art. 129 Abs. 2 einzubringenden Vorschläge werden in geheimer Abstimmung gefaßt.

Art. 132. (1) Richter, Staatsanwälte und Untersuchungsführer genießen die Immunität von Abgeordneten.

(2) In durch Gesetz bestimmten Fällen beschließt der Oberste Justizrat über die Aufhebung der Immunität von Richtern, Staatsanwälten und Untersuchungsführern.

Art. 133. Die Organisation und die Tätigkeit des Obersten Justizrates, der Gerichte, der Staatsanwaltschaft und der Untersuchungsorgane, der Status der Richter, Staatsanwälte und Untersuchungsführer, die Bedingungen und die Verfahrensweise für die Ernennung und Entlassung von Richtern, Beisitzern, Staatsanwälten und Untersuchungsführern sowie für die Wahrnehmung ihrer Verantwortlichkeit werden durch Gesetz geregelt.

Art. 134. (1) Die Rechtsanwaltschaft ist frei und unabhängig und verwaltet sich selbst. Sie unterstützt die Bürger und die juristischen Personen bei der Wahrnehmung ihrer Rechte und legitimen Interessen.

(2) Organisation und Geschäftsordnung der Rechtsanwaltschaft werden durch Gesetz geregelt.

Kapitel 7

ÖRTLICHE SELBSTVERWALTUNG UND ÖRTLICHE ADMINISTRATION

Art. 135. (1) Das Territorium der Republik Bulgarien gliedert sich in Gemeinden und Gebiete. Die territoriale Gliederung und die Rechtsbefugnisse der Sofioter Gemeinde und der Gemeinden anderer Großstädte werden durch Gesetz geregelt.

(2) Durch Gesetz können auch andere administrativ-territoriale Einheiten und Organe für deren Selbstverwaltung geschaffen werden.

Art. 136. (1) Die Gemeinde ist die administrativ-territoriale Grundeinheit der örtlichen Selbstverwaltung. Die Bürger beteiligen sich an der Verwaltung der Gemeinde sowohl durch die von ihnen gewählten örtlichen Selbstverwaltungsorgane als auch unmittelbar – durch Referendum oder Einwohnerversammlung.

(2) Die Grenzen der Gemeinde werden nach Durchführung einer Volksbefragung festgelegt.

(3) Die Gemeinde ist eine juristische Person.

Art. 137. (1) Die sich selbstverwaltenden territorialen Gemeinschaften können sich zur Lösung gemeinsamer Probleme zusammenschließen.

(2) Das Gesetz schafft Voraussetzungen für den Zusammenschluß der Gemeinden.

Art. 138. Das Organ der örtlichen Selbstverwaltung in der Gemeinde ist der Gemeinderat, der von den Einwohnern der jeweiligen Gemeinde in der gesetzlich vorgeschriebenen Weise auf vier Jahre gewählt wird.

Art. 139. (1) Das Organ der Exekutivgewalt in der Gemeinde ist der Bürgermeister. Er wird von den Einwohnern oder vom Gemeinderat in der gesetzlich vorgeschriebenen Weise auf die Dauer von vier Jahren gewählt.

(2) In seiner Tätigkeit läßt sich der Bürgermeister vom Gesetz, von den Akten des Gemeinderats und den Beschlüssen der Einwohner leiten.

Art. 140. Die Gemeinde hat ein Recht auf Eigentum. Sie benutzt dieses Eigentum im Interesse der territorialen Gemeinschaft.

Art. 141. (1) Die Gemeinde hat einen eigenen Haushalt.

(2) Die ständigen finanziellen Einnahmequellen der Gemeinde werden durch Gesetz festgelegt.

(3) Durch Mittel aus dem Staatshaushalt oder auf andere Weise unterstützt der Staat das normale Funktionieren der Gemeinden.

Art. 142. Das Gebiet ist eine administrativ-territoriale Einheit, in der die regionale Politik durchgeführt, die staatliche Leitung am Ort verwirklicht und die Übereinstimmung zwischen nationalen und lokalen Interessen gewährleistet wird.

Art. 143. (1) Für die Verwaltung des Gebiets ist der Gebietsverwalter zuständig, der von der Gebietsadministration unterstützt wird.

(2) Der Gebietsverwalter wird vom Ministerrat ernannt.

(3) Der Gebietsverwalter gewährleistet die Durchführung der

Staatspolitik, ist für die Wahrung der nationalen Interessen, der Gesetzlichkeit und der öffentlichen Ordnung verantwortlich und übt die administrative Kontrolle aus.

Art. 144. Die zentralen Staatsorgane und ihre Vertreter am Ort verwirklichen die Kontrolle hinsichtlich der Gesetzlichkeit der von den örtlichen Verwaltungsorganen ausgegebenen Akte nur, wenn dies im Gesetz vorgesehen ist.

Art. 145. Die Gemeinderäte können Akte und Handlungen, durch die ihre Rechte verletzt werden, vor Gericht anfechten.

Art. 146. Organisation und Geschäftsordnung der örtlichen Selbstverwaltungsorgane und der örtlichen Administration werden durch Gesetz geregelt.

Kapitel 8

VERFASSUNGSGERICHT

Art. 147. (1) Das Verfassungsgericht besteht aus zwölf Richtern, von denen ein Drittel von der Volksversammlung gewählt, ein Drittel vom Präsidenten ernannt und ein Drittel von der Vollversammlung der Richter des Obersten Kassationsgerichts und des Obersten Verwaltungsgerichts gewählt wird.

(2) Das Mandat der Richter im Verfassungsgericht beträgt neun Jahre. Sie können in diese Funktion nicht wiedergewählt werden. Die Zusammensetzung des Verfassungsgerichts wird in jeder Quote alle drei Jahre in der gesetzlich vorgeschriebenen Weise erneuert.

(3) Zu Richtern im Verfassungsgericht werden Juristen mit hohen beruflichen und moralischen Qualitäten gewählt, die mindestens fünfzehn Dienstjahre in einem Juristenberuf vorweisen können.

(4) Die Richter des Verfassungsgerichts wählen in geheimer Abstimmung einen Vorsitzenden des Gerichts für die Dauer von drei Jahren.

(5) Die Stellung eines Mitglieds des Verfassungsgerichts ist unvereinbar mit der Übernahme eines repräsentativen Mandats, der

Bekleidung eines Staatsamtes oder einer gesellschaftlichen Funktion, der Mitgliedschaft in einer politischen Partei oder einer Gewerkschaft sowie mit der Ausübung einer freien, kommerziellen oder anderen bezahlten Berufstätigkeit.

(6) Die Mitglieder des Verfassungsgerichts genießen die gleiche Immunität wie die Abgeordneten.

Art. 148. (1) Das Mandat eines Richters im Verfassungsgericht erlischt bei:

1. Ablauf der festgelegten Frist;
2. Einreichen seines Rücktritts beim Verfassungsgericht;
3. Inkrafttreten eines Urteils über Freiheitsentzug wegen einer vorsätzlichen Straftat;
4. länger als ein Jahr währender faktischer Amtsunfähigkeit des Richters;
5. Unvereinbarkeit mit Ämtern und Tätigkeiten gemäß Art. 147 Abs. 5;
6. im Todesfalle.

(2) Das Verfassungsgericht hebt die Immunität auf und stellt die faktische Amtsunfähigkeit der Richter in geheimer Abstimmung mit mindestens Zweidrittelmehrheit der Stimmen aller Richter fest.

(3) Bei Aufhebung des Mandats eines Richters vom Verfassungsgericht wird innerhalb eines Monats an seiner Stelle ein anderer Richter aus derselben Quote gewählt.

Art. 149. (1) Das Verfassungsgericht

1. gibt verbindliche Auslegungen der Verfassung;
2. entscheidet auf Verlangen über die eventuelle Verfassungswidrigkeit der von der Volksversammlung verabschiedeten Gesetze und anderen Akte sowie der Akte des Präsidenten;
3. entscheidet Kompetenzstreitigkeiten zwischen der Volksversammlung, dem Präsidenten und dem Ministerrat sowie zwischen den örtlichen Selbstverwaltungsorganen und den zentralen Exekutivorganen;
4. prüft die Übereinstimmung der von der Republik Bulgarien abgeschlossenen internationalen Verträge mit der Verfassung vor ihrer Ratifizierung sowie die Übereinstimmung der Gesetze mit den allgemein anerkannten völkerrechtlichen Normen und den internationalen Verträgen, die Bulgarien unterzeichnet hat;

5. entscheidet Streitigkeiten über die Verfassungsmäßigkeit politischer Parteien und Vereinigungen;

6. entscheidet Streitigkeiten über die Legitimität der Wahl des Präsidenten und des Vizepräsidenten;

7. entscheidet Streitigkeiten über die Legitimität der Wahl eines Abgeordneten;

8. entscheidet über Beschuldigungen gegen den Präsidenten und den Vizepräsidenten seitens der Volksversammlung.

(2) Durch Gesetz können dem Verfassungsgericht keine Rechtsbefugnisse erteilt bzw. entzogen werden.

Art. 150. (1) Das Verfassungsgericht handelt auf Initiative von mindestens einem Fünftel der Abgeordneten, des Präsidenten, des Ministerrats, des Obersten Kassationsgerichts, des Obersten Verwaltungsgerichts und des Generalstaatsanwalts. Kompetenzstreitigkeiten nach P. 3 des Abs. 1 des vorstehenden Artikels können auch von den Gemeinderäten erhoben werden.

(2) Bei festgestellter Nichtübereinstimmung zwischen dem Gesetz und der Verfassung stellen das Oberste Kassationsgericht oder das Oberste Verwaltungsgericht das Verfahren ein und leiten den Fall an das Verfassungsgericht weiter.

Art. 151. (1) Das Verfassungsgericht faßt seine Beschlüsse mit einer Mehrheit von mehr als der Hälfte der Stimmen aller Richter.

(2) Die Beschlüsse des Verfassungsgerichts sind innerhalb von 15 Tagen nach ihrer Annahme im Gesetzblatt bekanntzumachen. Der Beschluß tritt drei Tage nach der Bekanntmachung in Kraft. Ein für verfassungswidrig erklärter Akt ist vom Tag des Inkrafttretens des Beschlusses an unwirksam.

(3) Jener Teil des Gesetzes, der nicht für verfassungswidrig erklärt worden ist, behält seine Rechtskraft.

Art. 152. Organisation und Geschäftsordnung des Verfassungsgerichts werden durch Gesetz geregelt.

Kapitel 9

ABANDERUNGEN UND ERGÄNZUNGEN ZUR VERFASSUNG. ANNAHME EINER NEUEN VERFASSUNG

Art. 153. Die Volksversammlung darf alle Vorschriften der Verfassung abändern und ergänzen, ausgenommen jene, die in die Kompetenz der Großen Volksversammlung fallen.

Art. 154. (1) Das Recht auf Initiative zur Abänderung und Ergänzung der Verfassung haben ein Viertel der Abgeordneten und der Präsident.

(2) Die Volksversammlung hat sich mit dem Vorschlag frühestens einen Monat und spätestens drei Monate nach der Einbringung zu befassen.

Art. 155. (1) Die Volksversammlung verabschiedet das Gesetz über die Abänderung bzw. Ergänzung der Verfassung mit einer Mehrheit von drei Vierteln aller Abgeordneten in drei Lesungen an verschiedenen Tagen.

(2) Erhält der Vorschlag weniger als drei Viertel, jedoch mindestens zwei Drittel der Stimmen aller Abgeordneten, so ist er frühestens in zwei und spätestens in fünf Monaten erneut zur Erörterung vorzulegen. Bei der neuen Erörterung gilt der Vorschlag als angenommen, wenn nicht weniger als zwei Drittel aller Abgeordneten für ihn gestimmt haben.

Art. 156. Das Gesetz über die Abänderung bzw. Ergänzung der Verfassung ist von dem Vorsitzenden der Volksversammlung zu zeichnen und innerhalb von sieben Tagen nach der Verabschiedung im Gesetzblatt bekanntzumachen.

Art. 157. Die Große Volksversammlung setzt sich aus 400 Abgeordneten zusammen, die ordentlich gewählt werden.

Art. 158. Die Große Volksversammlung:

1. verabschiedet eine neue Verfassung;

2. beschließt über Veränderungen des Territoriums der Republik Bulgarien und ratifiziert internationale Verträge, die eine solche Veränderung vorsehen;

3. beschließt Veränderungen in der Form des Staatsaufbaus und der staatlichen Leitung;

4. beschließt Abänderungen zu Art. 5 Abs. 2 und 4 und Art. 57 Abs. 1 und 3 der Verfassung;

5. beschließt Abänderungen und Ergänzungen zu Kapitel 9 der Verfassung;

Art. 159. (1) Das Recht auf Initiative nach vorstehendem Artikel haben mindestens die Hälfte der Abgeordneten und der Präsident.

(2) Der Entwurf einer neuen Verfassung bzw. zur Abänderung der gültigen sowie zur Veränderung des Territoriums des Landes nach Art. 158 ist von der Volksversammlung frühestens zwei Monate und spätestens fünf Monate nach der Einbringung zu erörtern.

Art. 160. (1) Die Volksversammlung beschließt die Durchführung von Wahlen zur Großen Volksversammlung mit einer Mehrheit von zwei Dritteln aller Abgeordneten.

(2) Der Präsident hat innerhalb von drei Monaten nach dem Beschluß der Volksversammlung die Wahlen zur Großen Volksversammlung anzuberaumen.

(3) Die Befugnisse der Volksversammlung erlöschen mit der Wahl einer Großen Volksversammlung.

Art. 161. Die Große Volksversammlung beschließt über eingebrachte Vorlagen mit einer Mehrheit von zwei Dritteln aller Abgeordneten in drei Lesungen an verschiedenen Tagen.

Art. 162. (1) Die Große Volksversammlung befindet nur über Fragen der Verfassung, für die sie gewählt worden ist.

(2) In dringenden Fällen nimmt die Große Volksversammlung auch die Funktionen einer Volksversammlung wahr.

(3) Die Befugnisse der Großen Volksversammlung erlöschen, nachdem sie über die Fragen, für die sie gewählt worden ist, endgültig befunden hat. In diesem Fall hat der Präsident nach der durch Gesetz bestimmten Verfahrensweise Neuwahlen anzusetzen.

Art. 163. Die Akte der Großen Volksversammlung sind von ihrem Vorsitzenden zu zeichnen und innerhalb von sieben Tagen nach der Annahme bekanntzumachen.

Kapitel 10

WAPPEN, SIEGEL, FLAGGE, HYMNE, HAUPTSTADT

Art. 164. Das Staatswappen der Republik Bulgarien zeigt einen aufrecht stehenden goldenen Löwen auf dunkelrotem Wappenschild.

Art. 165. Das Staatssiegel zeigt das Wappen der Republik Bulgarien.

Art. 166. Die Staatsflagge der Republik Bulgarien besteht aus drei waagerechten Streifen in den Farben Weiß, Grün und Rot.

Art. 167. Die Fälle, in denen das Staatssiegel angebracht und die Nationalflagge gehißt wird, werden durch Gesetz bestimmt.

Art. 168. Die Staatshymne der Republik Bulgarien ist das Lied „Liebe Heimat".

Art. 169. Die Hauptstadt der Republik Bulgarien ist Sofia.

ÜBERGANGS- UND SCHLUSSBESTIMMUNGEN

§ 1. (1) Nach der Verabschiedung der Verfassung hat sich die Große Volksversammlung selbst aufzulösen.

(2) Bis zur Wahl einer neuen Volksversammlung nimmt die Große Volksversammlung die Funktionen einer Volksversammlung wahr. In dieser Zeit hat sie Gesetze über Wahlen zur Volksversammlung, eines Präsidenten und für Organe der örtlichen Selbstverwaltung sowie weitere Gesetze zu verabschieden. In derselben Zeit sind das Verfassungsgericht und der Oberste Justizrat einzurichten.

(3) Auf der ersten Sitzung der Volksversammlung nach Inkrafttreten der Verfassung haben die Abgeordneten, der Präsident, der Vizepräsident und die Mitglieder des Ministerrates den in dieser Verfassung vorgeschriebenen Eid zu leisten.

§ 2. Bis zur Wahl des Obersten Kassationsgerichts und des Obersten Verwaltungsgerichts werden ihre Befugnisse nach Art. 130 Abs. 3 und Art. 147 Abs. 1 der Verfassung vom Obersten Gericht der Republik Bulgarien wahrgenommen.

§ 3. (1) Die Vorschriften der vorgefundenen Gesetze finden Anwendung, soweit sie nicht der Verfassung widersprechen.

(2) Innerhalb eines Jahres nach Inkrafttreten der Verfassung hat die Volksversammlung die Vorschriften der vorgefundenen Gesetze aufzuheben, die nicht kraft der unmittelbaren Wirkung nach Art. 5 Abs. 2 der Verfassung aufgehoben worden sind.

(3) Innerhalb von drei Jahren hat die Volksversammlung die in der Verfassung ausdrücklich erwähnten Gesetze zu verabschieden.

§ 4. Die in der Verfassung festgelegte Organisation der Judikative tritt in Kraft nach der Annahme der neuen grundlegenden Prozeßgesetze, die innerhalb der Frist nach § 3 Abs. 2 zu verabschieden sind.

§ 5. Richter, Staatsanwälte und Untersuchungsführer werden unabsetzbar, wenn der Oberste Justizrat innerhalb von drei

Monaten nach seiner Einrichtung nicht bestimmt, daß sie nicht über die erforderlichen fachlichen Qualitäten verfügen.

§ 6. Bis zur Schaffung einer neuen gesetzlichen Regelung betreffend das Bulgarische Nationale Fernsehen, den Bulgarischen Nationalen Rundfunk und die Bulgarische Nachrichtenagentur nimmt die Volksversammlung die Befugnisse der Großen Volksversammlung in bezug auf diese nationalen Institutionen wahr.

§ 7. (1) Die Wahlen zur Volksversammlung und zu den örtlichen Selbstverwaltungsorganen sind innerhalb von drei Monaten nach der Selbstauflösung der Großen Volksversammlung durchzuführen. Der Wahltermin ist vom Präsidenten entsprechend seinen Befugnissen gemäß Art. 98 P. 1 der Verfassung festzulegen.

(2) Die Wahl des Präsidenten und des Vizepräsidenten ist innerhalb von drei Monaten nach den Wahlen zur Volksversammlung durchzuführen.

(3) Bis zur Wahl des Präsidenten und des Vizepräsidenten nehmen der Vorsitzende (Präsident) und sein Stellvertreter (Vizepräsident) die Funktionen eines Präsidenten bzw. Vizepräsidenten gemäß vorliegender Verfassung wahr.

§ 8. Die Regierung nimmt ihre Funktionen gemäß vorliegender Verfassung bis zur Bildung einer neuen Regierung wahr.

§ 9. Diese Verfassung tritt am Tage ihrer Bekanntmachung im Gesetzblatt durch den Vorsitzenden der Großen Volksversammlung in Kraft und hebt die am 18. Mai 1971 verabschiedete Verfassung der Republik Bulgarien auf (Gesetzblatt Nr. 39/1971, Änd. Nr. 6/1990, Änd. und Ergänz. Nr. 29/1990; Änd. Nr. 87, 94 und 98/1990; Novelle Nr. 98/1990).

Die Verfassung der Republik Bulgarien wurde auf Verfügung des Vorsitzenden der Großen Volksversammlung, Nikolai Todorow, vom 12. Juli 1991 im Gesetzblatt Nr. 56 vom 13. Juli 1991 bekanntgemacht.

Ilona Slawinski / Michael Geistlinger (Hrsg.)

Probleme der Rechtsüberleitung in der Tschechischen Republik, Ungarn, Polen und der Slowakischen Republik

Bern, Berlin, Frankfurt/M., New York, Paris, Wien, 1997. 197 S.
ISBN 3-906757-16-1
br. sFr. 30.– / DM 38.– / öS 250.– / US-$ 24.95 / £ 15.– / FF 120.–

Das Buch befasst sich mit Problemen und Änderungen in den Rechtsordnungen Tschechiens, Ungarns, Polens und der Slowakei in den Jahren der Abkehr vom Kommunismus.

Aus dem Inhalt: Michael Geistlinger:Einführung – Heinz Schäfer: Rechtsüberleitung und Rechtsübergang – Cyril Svoboda: Hauptsächliche Herausforderungen an die Gestaltung der Rechtsordnung der Tschechischen Republik – Karin Schmid: Probleme der Rechtsüberleitung in der Tschechischen Republik – László Burián: Probleme der Rechtsüberleitung in Ungarn – Tomislav Borić: Einzelne Aspekte der Rechtsüberleitung in Ungarn im Bereich des Privat- und Wirtschaftsrechts – Marián Posluch: Juristische Änderungen in der Slowakischen Republik – Petr Bohata: Probleme der Rechtsüberleitung in der Slowakischen Republik – Ilona Slawinski: Polens Weg zur Demokratie – Dariusz Okolski: Die rechtlichen Rahmenbedingungen für die Privatisierung in Polen – Friedrich Lachmayer: Zum Abschluß: Einzelne Aspekte der Rechtsüberleitung.

«Le déroulement et la portée de ce colloque étant une expérience enrichissante pour les participants, les lecteurs intéressés par l'évolution du droit et de la législation dans les pays de l'Europe centrale et orientale et par la perspective du rapprochement des systèmes juridiques au niveau européen trouveront dans ce livre une source de documentation utile.» (A.M., Revue internationale de droit comparé)

Peter Lang
Bern · Berlin · Frankfurt/M. · New York · Paris · Wien

Printed by
CPI books GmbH, Leck

FSC
www.fsc.org
MIX
Papier | Fördert
gute Waldnutzung
FSC® C083411

Kolibri 360 GmbH
Ferdinand-Jühlke-Straße 7
99095 Erfurt, Deutschland
produktsicherheit@kolibri360.de